ISO 14001
환경경영시스템 구축 실무 GUIDE

저자   송형록 · 김상일

도서출판
정일

머리말

1. 누구에게 필요한가?

1) 중소기업 ISO 경영시스템 담당자
2) 중소기업 ISO 경영시스템 관련 컨설턴트
3) ISO 경영시스템 심사원
4) ISO 경영시스템을 도입하고자 하는 중소기업

2. 어떤 것을 알려 주는가?

1) ISO 경영시스템을 도입하고자 하는 담당자가 무엇을 준비해야 하는지 알려 준다.
2) ISO 경영시스템에 대한 컨설팅을 하는 컨설턴트가 컨설팅 할 내용을 알려 준다.
3) ISO 활동 심사원이 규격의 조항별로 무엇을 평가해야 하는지 알려 준다.
4) ISO 경영시스템 인증을 하는 획득하고자 하는 중소기업이 인증을 획득하기 위한 준비 내용을 알려 준다.

3. 책의 구성은 어떻게 되어 있나?

1) ISO 환경경영시스템의 각 조항별 요구사항 해설
2) ISO 환경경영시스템 매뉴얼
3) ISO 환경경영시스템 절차서
4) ISO 환경경영시스템 관련 문서 양식
5) ISO 인증 프로세스

4. 특징

1) 조항별 요구사항 취지의 간결한 설명으로 ISO 경영시스템의 쉬운 접근
2) 조항별 주요 체크 포인트 제공으로 자체 검증 가능
3) 조항 별 증빙자료 제시
4) 실무에 바로 사용할 수 있는 샘플 자료 및 양식 제공

· 환경경영시스템 매뉴얼
· 환경경영시스템 절차서
· 환경경영시스템 관련 문서 양식

이 책이 산업현장에서 ISO 실무를 담당하는 분, ISO 컨설팅을 하는 컨설턴트, ISO 인증 심사원에게 작은 디딤돌이 되었으면 하는 바람입니다. 부족한 부분은 계속 수정하고 보완할 것을 약속합니다. 끝으로 이 책이 나오기까지 물심양면으로 성원해 주신 여러 위원님 및 동료 분들께 감사드리며, 보다 좋은 책이 되도록 지원해 주신 도서출판 정일 임직원께 감사를 드립니다.

차례

제1장

환경경영 시스템 요구사항 해설

(KS I ISO 14001:2015)

0. 개요

이 표준은 2015년 제3판으로 발행된 ISO14001, Environmental management systems - Requirements with guidance for use를 기초로 기술적 내용 및 대응 국제표준의 구성을 변경하지 않고 작성한 한국산업표준이다.

0.1 배경

미래 세대의 니즈(needs)를 충족시키는 능력(ability)을 손상시키지(compromising) 않고 현재 세대의 니즈(needs)를 충족시키기 위해, 환경, 사회 및 경제 사이의 균형을 이루는 것은 필수적이라고 여겨진다.

지속 가능한 발전의 목표는 지속 가능성의 세 가지 분야(pillar) 사이의 균형을 만족시킴으로서 달성될 수 있다. 지속 가능한 발전, 투명성 그리고 책무에 대한 사회적 기대는 보다 더 엄격한 법률, 오염으로 인해 환경에 미치는 압력의 증가, 자원의 비효율적 사용, 폐기물의 부적절한 관리, 기후변화, 생태계의 파괴 및 생물 다양성의 훼손과 함께 진화하여 왔다.

> 비고   지속 가능성의 세 가지 분야(pillar)는 환경, 사회, 경제를 의미한다.

이러한 점이 조직으로 하여금, 지속 가능성의 환경 분야(pillar)에 기여할 목적으로, 환경경영시스템을 실행함으로써 체계적으로 환경경영에 접근하도록 이끌고 있다.

0.2 환경경영시스템의 목표(aim)

이 표준의 목적은 조직에게 환경을 보호하고, 사회경제적 니즈(needs)와 균형 있게 변화하는 환경 여건에 대응할 수 있는 틀을 제공하는 것이다. 이 표준은 조직이 환경경영시스템을 통해 의도한 결과를 달성할 수 있도록 하는 요구사항을 규정한다.

환경경영에 대한 체계적 접근은 최고경영자에게 장기적인 성공 달성을 위한 정보를 제공할 수 있으며, 지속 가능한 발전에 기여할 수 있는 선택사항(option)을 만들 수 있다.

그 수단은 다음과 같다.

- 환경적 악영향을 예방하거나 완화함으로써 환경을 보호
- 환경여건이 조직에 미치는 잠재적 악영향을 완화
- 조직의 준수의무사항을 충족하도록 지원
- 환경성과의 증진
- 의도한 바와 다르게 환경영향이 전과정(life cycle)의 다른 단계로 전이되는 것을 방지할 수 있도록, 전 과정 관점을 활용하여 조직의 제품 및 서비스가 설계, 제조, 유통, 폐기되는 방식을 관리하거나 영향을 미치도록 함
- 조직의 시장 내 지위를 강화할 수 있는 환경적으로 건전한 대안을 실행함으로써 재정 및 운용 편익 달성
- 이해관계자와 환경정보에 대한 의사소통

다른 표준과 같이 이 표준은 조직의 법규 요구사항을 가중 또는 변경시키도록 의도한 것은 아니다.

0.3 성공요인

환경경영시스템의 성공은 최고경영자의 주도하에 조직의 모든 계층(level)과 부서 (function)에서 실행되는가의 여부에 달려있다. 특히, 전략 및 경쟁 측면에서 환경적 악영향을 예방하거나 완화시키고 유익한 환경영향을 증진시키기 위해, 조직은 기회 (opportunity)를 지렛대(leverage)로 활용할 수 있다.

최고경영자는 환경경영을 조직의 비즈니스 프로세스, 전략적 방향 및 의사결정에 통합시키고, 다른 비즈니스 우선순위와 조율하여, 환경 거버넌스를 조직 전체의 경영시스템에 통합시킴으로써, 조직의 리스크와 기회를 효과적으로 다룰 수 있다. 이해관계자에게 효과적인 환경경영시스템이 운용되고 있음을 보장하기 위해, 이 표준이 성공적으로 적용되고 있음을 보여줄 수 있을 것이다.

그러나 이 표준의 채택 자체가 최적의 환경적 결과를 보증하는 것은 아니다. 이 표준의 적용은 조직의 상황에 따라 조직마다 다를 수 있다. 두 조직이 유사한 활동을 수행하더라도 서로 다른 준수의무사항, 환경방침에 드러난 의지, 환경기술 및 환경성과 목표를 가질 수 있다. 그럼에도 불구하고 두 조직 모두는 이 표준의 요구사항에 부합할 수 있다.

환경경영시스템의 상세함과 복잡함의 수준은 조직의 환경 측면 및 관련 환경영향을 포함하여 조직의 상황, 환경경영시스템의 적용 범위, 조직의 준수의무사항 및 조직의 활동, 제품 및 서비스 특성에 따라 다를 것이다.

0.4 계획-실행-점검-조치(PDCA) 모델

환경경영시스템의 기초가 되는 기본 접근 방법은 계획-실행-점검-조치(PDCA) 개념에서 찾아볼 수 있다. PDCA 모델은 조직이 지속적 개선을 달성하기 위해 사용하는 반복적인 (iterative) 프로세스를 제공한다. 이 모델은 환경경영시스템과 환경경영시스템의 개별 요소에 적용될 수 있다. 다음과 같이 이 모델을 간략하게 설명할 수 있다.

- 계획(Plan) : 조직의 환경방침과 일치하는 결과를 만들어 내는(deliver) 데 필요한 환경목표와 프로세스를 수립
- 실행(Do) : 계획에 따라 프로세스를 실행
- 점검(Check) : 조직의 의지, 환경목표 및 운용기준을 포함하여 환경방침에 대한 프로세스를 모니터링 및 측정하고, 그 결과를 보고
- 조치(Act) : 지속적 개선을 위한 조치를 취함

그림 1은 이 표준의 신규 또는 기존 사용자들이 시스템 접근 방법의 중요성을 이해할 수 있도록, 이 표준에서 소개된 틀(framework)이 PDCA 모델과 어떻게 통합될 수 있는지를 보여준다.

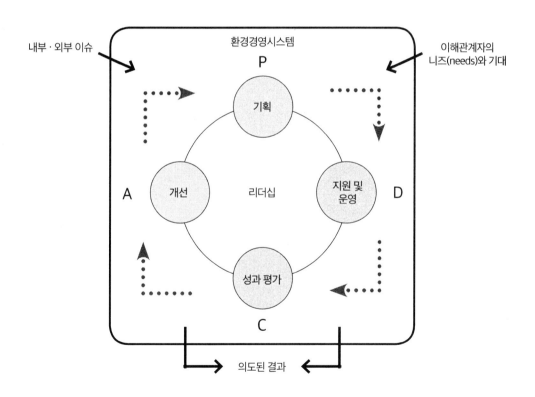

[그림 1] PDCA 사이클에서 이 표준의 구조 표현

0.5 이 표준의 내용

이 표준은 ISO의 경영시스템표준(MSS) 요구사항을 준수한다. 이 요구사항은, 여러 ISO 경영시스템 표준(MSS)을 사용하는 사용자들에게 도움이 되도록 설계된 상위 문서 구조(high level structure), 동일한 핵심 문구, 공통 용어 및 핵심 용어 정의를 포함한다.

이 표준은 품질, 안전보건, 에너지, 재무경영과 같은 다른 경영시스템의 특정 요구사항을 포함하지 않는다. 그러나 이 표준은 조직이 환경경영시스템을 다른 경영시스템 요구사항들과 통합할 수 있도록 동일한 접근 방법과 리스크 기반의 사고방식을 사용할 수 있게 한다.

이 표준은 적합성평가에 사용된 요구사항을 포함하고 있다. 조직은 다음과 같은 방법을 통하여 이 표준에의 적합성을 입증할 수 있다.

- 자기주장(self-determination) 및 자기선언
- 고객 등 조직의 이해관계자에 의해 조직의 적합성에 대한 확인을 추구
- 조직 외부의 당사자에 의해 자기선언의 확인을 모색
- 외부 조직에 의한 조직의 환경경영시스템 인증/등록 추진

부속서 A는 이 표준의 요구사항에 대한 잘못된 해석을 방지하기 위해 해설 정보를 제공한다. 부속서 B는 이 표준의 이전 판과 본 개정판 간의 기술적인 연관성을 보여준다. 환경경영시스템 실행지침은 KS I ISO 14004에 포함되어 있다.

이 표준에서는 다음과 같은 조동사 형태가 사용된다.

- "하여야 한다(shall)"는 요구사항을 의미한다.
- "하여야 할 것이다/하는 것이 좋다(should)"는 권고사항을 의미한다.
- "해도 된다(may)"는 허용을 의미한다.
- "할 수 있다(can)"는 가능성 또는 능력을 의미한다.

"비고"로 표시된 정보는 문서의 이해나 사용을 돕고자 하는 것이다. 3절에서 사용하는 "비고"는 용어에 대한 부가적인 정보를 제공하며, 용어 사용과 관련된 조항을 포함할 수 있다.

3절의 용어와 정의는 개념상의 순서에 따라 배열되었으며, 가나다순으로 배열된 용어 색인 목록은 이 문서의 마지막에 있다.

1. 적용 범위

이 표준은 조직이 환경 성과를 증진시키기 위해 활용할 수 있는 환경경영시스템에 대한 요구사항을 규정한다. 이 표준은 조직이 지속 가능성의 환경 분야((environmental pillar)에 기여하는 환경책임을 체계적인 방법으로 관리하고자 하는 의도로 작성되었다.

이 표준은 조직이 환경경영시스템의 의도된 결과를 달성할 수 있도록 도와준다. 이러한 것은 환경, 조직자체 및 조직의 이해관계자에게 가치를 제공한다. 조직의 환경방침과 일관되게 환경경영시스템의 의도한 결과에는 다음 사항이 포함된다.

- 환경성과의 향상
- 준수의무사항의 충족
- 환경목표의 달성

이 표준은 조직의 규모나 형태, 성격(nature)에 상관없이 모든 조직에 적용할 수 있으며, 전 과정의 관점에서 조직이 관리할 수 있거나 영향을 미칠 수 있다고 정한(determine) 조직의 활동, 제품 및 서비스의 환경 측면에 적용할 수 있다. 이 표준은 구체적인 환경성과기준 (environmental performance criteria)을 명시하지 않는다.

체계적인 환경경영 개선을 위해 이 표준의 전체 또는 일부분이 사용될 수 있다. 그러나 만약 이 표준의 모든 요구사항이 조직의 환경경영시스템에 통합(incorporated)되지 않거나 예외 없이 충족되지 않는다면, 이 표준에 대한 적합성 선언은 인정될 수 없다.

2. 인용 표준

인용 표준은 없다.

3. 용어와 정의

[참고]　이 표준의 용어와 정의는 경영시스템 표준(MSS) 간의 용어 일치를 위해 KS Q ISO 9000:2015 용어를 최대한 적용하였다.

3.1 조직 및 리더십 관련 용어

3.1.1 경영시스템(management system)

방침과 목표(3.2.5)를 수립하고, 그 목표의 달성을 위한 프로세스(3.3.5)를 수립하는, 조직 (3.1.4)의 상호 관련되거나 상호작용하는 조직 요소의 집합

비고1　경영시스템은 하나 또는 다수의 분야를 다룰 수 있다(예: 품질, 환경, 산업안전보건, 에너지, 재무 경영).

비고2　시스템 요소에는 조직구조, 역할 및 책임, 기획 및 운용, 성과평가 및 개선이 포함된다.

비고3　경영시스템의 적용 범위에는 조직 전체, 조직의 특정한 그리고 파악된 기능, 조직의 특정한 그리고 파악된 부문 또는 조직 그룹 전체에 있는 하나 또는 그 이상의 기능

을 포함할 수 있다.

3.1.2 환경경영시스템(environmental management system)

환경 측면(3.2.2)을 관리하고, 준수의무사항(3.2.9)을 충족하며, 리스크 및 기회(3.2.11)를 다루기 위한 경영시스템(3.1.1)의 일부

3.1.3 환경방침(environmental policy)

최고경영자(3.1.5)에 의해 공식적으로 제시된 환경성과(3.4.11)와 관련된 조직(3.1.4)의 의도 및 방향

3.1.4 조직(organization)

조직의 목표(3.2.5) 달성에 책임, 권한 및 관계가 있는 자체의 기능을 가진 사람 또는 사람의 집단

> **비고** 조직의 개념은 다음을 포함하나, 이에 국한되지 않는다. 개인사업자, 회사, 법인, 상사, 기업, 당국, 파트너십, 협회, 자선단체 또는 기구, 혹은 이들이 통합이든 아니든 공적이든 사적이든 이들의 일부 또는 조합

3.1.5 최고경영자(top management)

최고의 계층에서 조직(3.1.4)을 지휘하고 관리하는 사람 또는 그룹

> **비고1** 최고경영자는 조직 내에서 권한을 위임하고 자원을 제공할 힘을 갖는다.
> **비고2** 경영시스템(3.1.1)의 적용 범위가 단지 조직의 일부만을 포함하는 경우, 조직의 그 일부분을 지휘하고 관리하는 사람들을 최고경영자라고 부를 수 있다.

3.1.6 이해관계자(interested party)

의사결정 또는 활동에 영향을 줄 수 있거나 영향을 받을 수 있거나 또는 그들 자신이 영향을 받는다는 인식을 할 수 있는 사람 또는 조직(3.1.4)

보 기 고객, 공동체, 공급자, 규제당국, 민간단체(NGO), 투자자 및 종업원

비고 "그들 자신이 영향을 받는다고 인식한다"는 것은 이러한 인식이 조직에게 알려진 것을 의미한다.

3.2 기획 관련 용어

3.2.1 환경(environment)

조직(3.1.4)이 운용되는 주변 여건(공기, 물, 토양, 천연자원, 식물군(群), 동물군, 인간 및 이들 요소 간의 상호관계를 포함)

비고1 주변 여건이란 조직(3.16) 내부에서부터 국지적(local), 지역적(regional), 전 지구적인 시스템까지 확대될 수 있다.

비고2 주변 여건은 생물다양성, 생태계, 기후 또는 기타 특성으로 표현될 수 있다.

3.2.2 환경 측면(environmental aspect)

환경(3.2.1)과 상호작용하거나 상호작용할 수 있는 조직(3.1.4)의 활동 또는 제품 또는 서비스 요소

비고1 환경 측면은 환경영향(3.2.4)을 야기할 수 있다. 중대한 환경 측면이란, 하나 또는 그 이상의 중대한 환경영향을 미치거나 미칠 수 있는 측면을 말한다.

비고2 중대한 환경 측면은 조직이 하나 또는 그 이상의 기준을 적용하여 결정한다.

3.2.3 환경여건(environmental condition)

어떤 시점에서 결정된 환경(3.2.1)의 상태 또는 특성

3.2.4 환경영향(environmental impact)

조직(3.1.4)의 환경 측면(3.2.2)에 의해 전체적 또는 부분적으로 환경(3.2.1)에 좋은 영향을 미치거나 나쁜 영향을 미칠 수 있는 모든 환경 변화

3.2.5 목표(objective)

달성되어야 할 결과

- **비고1** 목표는 전략적, 전술적 또는 운용적일 수 있다.
- **비고2** 목표는 다른 분야(재무, 산업안전보건, 그리고 환경목표)와 관련될 수 있고, 상이한 계층[전략적, 조직 전반, 프로젝트, 제품, 서비스 그리고 프로세스(3.3.5)]에 적용될 수 있다.
- **비고3** 목표는 다르게 표현될 수 있다. 예를 들면 의도된 결과, 목적(purpose), 운용기준 또는 환경목표(3.2.6) 또는 비슷한 의미를 갖는 다른 용어(예: 영어의 경우 aim, goal, target)의 사용으로 표현될 수 있다.

3.2.6 환경목표(environmental objective)

환경방침(3.1.3)과 일관성이 있게 조직(3.1.14)이 설정한 목표(3.2.5)

3.2.7 오염예방(prevention of pollution)

부정적 환경적 영향(3.2.4)을 감소시키기 위하여 어떠한 형태의 오염물질 또는 폐기물의 발생, 방출 또는 배출의 회피, 저감 또는 관리(분리 또는 조합하여)를 위한 프로세스(3.3.5), 관행, 기술, 재료, 제품, 서비스 또는 에너지의 사용

- **비고** 오염 예방에는 발생원의 감소 또는 제거, 프로세스, 제품 또는 서비스의 변경, 자원

의 효율적인 활용, 재료 및 에너지의 대체, 재사용, 회수, 재활용, 재생이용 및 처리를 포함할 수 있다.

3.2.8 요구사항(requirement)

명시적이거나 일반적으로 묵시적이거나 또는 의무적인 니즈(needs) 또는 기대

비고 1 "일반적으로 묵시적"은 조직(3.1.4) 및 이해관계자(3.1.6)의 요구 또는 기대가 묵시적으로 고려되는 관습 또는 일상적인 관행을 의미한다.
비고 2 명시적 요구사항은, 예를 들면 문서화된 정보(3.3.2)에 명시된 것을 말한다.
비고 3 법규 요구사항 이외의 사항은 조직이 준수하기로 결정한 경우에 의무적인 요구사항이 된다.
비고 4 KS Q ISO 9000:2015 참조
비고 5 ISO 14001:2015에서는 "need"로 표현되어 있으나, 문맥상 "니즈(needs)"로 번역함

3.2.9 준수의무사항(compliance obligations, 표준용어)

법적 요구사항 및 그 밖의 요구사항. 조직(3.1.4)이 준수해야 하는 법적 요구사항(3.2.8)과 조직이 준수해야 하거나 준수하기로 선택한 그 밖의 요구사항

비고 1 준수의무사항은 환경경영시스템(3.1.2)과 관련이 있다.
비고 2 준수의무사항은 적용 가능한 법규나 규제에 따른 의무 요구사항으로부터 발생 할 수 있거나,또는 회사 및 산업 표준, 계약 관계, 실행 규칙(code of practice) 그리고 지역사회 그룹이나 NGO와의 합의 등 자발적인 서약으로부터 발생할 수 있다.

3.2.10 리스크(risk)

불확실성의 영향(effect)

비고 1 영향은 긍정적이든 부정적이든 예상한 것으로부터 벗어난 것이다.
비고 2 불확실성은 사건, 사건의 결과 또는 가능성에 대한 이해 또는 지식에 관련된 정보의 부족, 심지어 부분적으로 부족한 상태이다.

비고 3 리스크는 흔히 잠재적인 "사건"(ISO Guide 73:2009, 3.5.1.3)과 "결과"(ISO Guide 73:2009, 3.6.1.3), 또는 이들의 조합으로 특징지어진다.

비고 4 리스크는 사건의 결과(주변환경의 변화를 포함하는)와 그 사건 결과에 연관된 발생 "가능성"(ISO Guide 73:2009, 3.6.1.1에 정의된 의미로)의 조합으로 종종 표현된다.

3.2.11 리스크와 기회(risks and opportunities)

잠재적 악영향(위협)과 잠재적 유익한 결과(기회)

3.3 지원 및 운용 관련 용어

3.3.1 역량(competence)

의도된 결과를 달성하기 위해 지식과 기술을 적용하는 능력

3.3.2 문서화된 정보(documented information)

조직(3.1.4)에 의해 관리되고 유지되도록 요구되는 정보와 그 정보가 포함되어 있는 매체

비고 1 문서화된 정보는 어떠한 형태 및 매체일 수 있으며, 어떠한 출처로부터 올 수 있다.

비고 2 문서화된 정보는 다음으로 언급될 수 있다.
· 관련 프로세스(3.3.5)를 포함하는 환경경영시스템(3.1.2)
· 조직에서 운용하기 위해서 만든 정보(문서화로 언급될 수 있음)
· 달성된 결과의 증거(기록으로 언급될 수 있음)

3.3.3 전 과정(life cycle)

천연자원으로부터 원료의 획득 또는 채취에서 최종 폐기까지의 제품(또는 서비스) 시스템의 연속적이고 상호 연결된 단계

비고 1 전과정 단계에는 원료물질의 채취, 설계, 생산, 운송/배송, 사용, 사용 후 처리 및 최

종 폐기가 포함된다.

비고 2 KS I ISO 14025:2007, 3.20 참조

[출처: KS I ISO 14044:2011, 3.1 수정 : 정의에 "(또는 서비스)"를 추가하고, 비고 1을 추가]

3.3.4 외주처리 하다(outsource(verb))

외부 조직(3.1.4)이 조직의 기능 또는 프로세스(3.3.5)의 일부를 수행하도록 한다.

비고 외주처리 된 기능 또는 프로세스가 경영시스템(3.1.1)의 적용 범위 내에 있다 하더라도, 외부 조직은 경영시스템 적용 범위 밖에 존재한다.

3.3.5 프로세스(process)

입력을 출력으로 전환하는 상호 관련되거나 상호 작용하는 활동의 집합

비고 프로세스는 문서화될 수도 있고 문서화되지 않을 수도 있다.

3.4 성과평가 및 개선 관련 용어

3.4.1 심사(audit)

심사 기준에 충족되는 정도를 결정하기 위하여 심사 증거를 수집하고 객관적으로 평가하기 위한, 체계적이고 독립적이며 문서화된 프로세스(3.3.5)

비고 1 내부 심사는 조직(3.1.4)이 스스로 수행하거나, 조직을 대신하는 외부 당사자가 수행할 수 있다.

비고 2 심사는 결합심사(combined audit, 둘 이상의 경영시스템 분야를 결합)가 될 수 있다.

비고 3 독립성은 심사 대상이 되는 활동에 대한 책임으로부터 또는 편견과 이해 상충으로부터 자유롭다는 것으로 입증될 수 있다.

"심사 증거"는 KS Q ISO 19011:2013, 3.3에 정의된 대로 심사 기준에 관련되고 검증할 수 있는 기록, 사실의 진술 또는 기타 정보로 구성되며, "심사 기준"은 KS Q ISO 19011:2013, 3.2에 정의된 대로 심사 증거를 비교하는 기준으로 사용하는 방침, 절차 또는 요구사항(3.2.8)의 집합이다.

3.4.2 적합(conformity)

요구사항(3.2.8)의 충족

3.4.3 부적합(nonconformity)

요구사항(3.2.8)의 불 충족

부적합은 이 표준의 요구사항 및 조직(3.1.4)이 자체적으로 수립한 추가적인 환경경영시스템(3.1.2) 요구사항과 관련이 있다.

3.4.4 시정조치(corrective action)

부적합(3.4.3)의 원인을 제거하고 재발을 방지하기 위한 조치

부적합에는 하나 이상의 원인이 있을 수 있다.

3.4.5 지속적 개선(continual improvement)

성과(3.4.10)를 향상시키기 위하여 반복하는 활동

성과 향상은 조직(3.1.4)의 환경방침(3.1.3)과 일관된 환경성과(3.4.11)의 개선을 위해 환경경영시스템(3.1.2)을 활용하는 것과 관련이 있다.
활동이 모든 분야에서 동시에 또는 끊임없이 이루어질 필요는 없다.

3.4.6 효과성(effectiveness)

계획한 활동이 실현되어 계획한 결과가 달성되는 정도

3.4.7 지표(indicator)

운용, 경영 또는 여건의 조건 및 상태를 측정할 수 있는 대표값
[출처:KS Q ISO 14031:2013, 3.15]

3.4.8 모니터링(monitoring)

시스템, 프로세스(3.3.5) 또는 활동의 상태를 규명(determine)하는 것

> **비고** 상태를 규명(determine)하기 위해서는 확인, 감독 또는 심도 있는 관찰이 필요할 수 있다.

3.4.9 측정(measurement)

하나의 값을 결정하는 프로세스(3.3.5)

3.4.10 성과(performance)

측정 가능한 결과

> **비고 1** 성과는 정량적 또는 정성적 발견사항과 관련될 수 있다.
> **비고 2** 성과는 활동, 프로세스(3.3.5), 제품(서비스 포함), 시스템 또는 조직(3.1.4)의 경영에 관련될 수 있다.

3.4.11 환경성과(environmental performance)

환경 측면(3.2.2)의 관리(management)와 관련된 성과(3.4.10)

비고 환경경영시스템(3.1.2)에 대하여, 결과는 지표(3.4.7)를 사용하여 조직(3.1.4)의 환경
방침(3.1.3), 환경목표(3.2.6) 또는 그 밖의 기준에 따라 측정될 수 있다.

4. 조직 상황

4.1 조직상황의 이해

> 조직은 조직의 목적과 관련이 있고, 환경경영시스템의 의도된 결과를 달성하기 위한 능력에 영향이 있는 내부 및 외부의 이슈를 규명(determine)하여야 한다. 이러한 이슈에는 조직에 의해 영향을 받거나 영향을 미칠 수 있는 환경여건(environmental condition)이 포함되어야 한다.

•• **요구사항의 취지**

조직에 의해 영향을 받거나 영향을 미칠 수 있는 환경여건을 포함하여 환경경영시스템에 대한 내부 이슈, 외부 이슈 사항을 규명하고 분석하여 조직을 둘러싼 환경경영 변화에 대비하라.

예) 1. 외부 이슈 : 법 개정, 법규 및 규제의 변경, 해외의 환경 정책의 변경 등

2. 내부 이슈 : 신규공장의 설립, 생산라인의 변경, 환경 장비의 새로운 도입 등

1. 조직의 목적 및 전략적 방향에 따라 내부 이슈는 결정이 되어있는가?
2. 조직의 목적 및 전략적 방향에 따라 외부 이슈는 결정이 되어있는가?

≡ 증빙

조직의 내부, 외부 이슈 사항 정리 자료 , 경영검토 보고서(경영검토 입력사항) 등

4.2 이해관계자의 니즈(needs)와 기대 이해

조직은 다음을 규명(determine)하여야 한다.

a) 환경경영시스템과 관련이 있는 이해관계자
b) 이러한 이해관계자의 니즈(needs)와 기대(즉, 요구사항)
c) 이러한 니즈(needs)와 기대에서 비롯된 조직의 준수의무사항

•• 요구사항의 취지

조직의 환경적인 관점에서 영향을 미칠 수 있는 이해관계자와 그들이 원하는 바를 규명하여 관리하라.

예) 1. 이해관계자 : 고객, 주주, 내부직원, 협력업체, 사회(환경 단체, 환경 국제기구, 지자체 등)

　　2. 요구사항 : 환경관련 법, 규정 준수, 환경관련 사회적 역할 등

•• 주요 체크포인트

1. 조직의 환경경영시스템 이해관계자는 파악되어 있는가?
2. 조직의 환경경영시스템 이해관계자의 니즈와 요구사항은 무엇인가?
3. 조직의 준수의무 사항은 무엇인가?

이해관계자 파악 및 요구사항 정리 자료, 경영검토 보고서 등

4.3 환경경영시스템의 적용 범위 결정

조직은 환경경영시스템의 적용 범위를 결정(establish)하기 위해 환경경영시스템의 경계와 적용 가능성을 규명(determine)하여야 한다.

적용 범위를 결정할 때, 조직은 다음을 고려하여야 한다.

a) 4.1에 언급된 외부 및 내부 이슈
b) 4.2에 언급된 준수의무사항
c) 조직의 부서단위, 기능 및 물리적 경계
d) 조직의 활동, 제품 및 서비스
e) 관리와 영향을 행사하기 위한 조직의 권한과 능력

적용 범위가 결정(define)되면 이 적용 범위 내 조직의 모든 활동, 제품 및 서비스를 환경경영시스템에 포함시킬 필요가 있다.
이 적용 범위는 문서화된 정보로 유지되어야 하며, 이해관계자가 이용할 수 있어야 한다.

•• 요구사항의 취지

조직의 환경경영시스템에서 적용하는 부분을 정의하고 나타내라. 적용 범위에는 조직의 부서단위, 기능 및 물리적 경계, 조직의 활동, 제품 및 서비스를 포함시켜라.

예) 1. 주소 : 서울시 노원구 ○○로 ○○길 ○○○
    2. 활동 및 서비스 : ISO 경영시스템 인증 및 심사원 교육

1. 조직의 물리적 경계는 지정되어 있는가?(예: 주소, 장소, 부서 등)
2. 조직의 환경경영시스템이 적용되는 제품 및 서비스 활동은 무엇인가?(예: 조직의 업무 등)
3. 프로세스가 계획대로 실행되었음을 확인할 수 있는 문서화된 정보는 무엇인가?

≡ **증빙**

환경 매뉴얼 등에 적용되는 주소, 조직의 제품 및 서비스 활동, 적용되는 조직의 능력과 권한 표시

4.4 환경경영시스템

> 의도된 결과(환경성과 향상을 포함하는)를 달성하기 위해 조직은 이 표준의 요구사항에 따라 필요한 여러 프로세스와 이 프로세스 간의 상호작용을 포함하는 환경경영시스템을 수립, 실행, 유지하고 지속적으로 개선해야 한다.
>
> 조직이 환경경영시스템을 수립하고 유지할 때에는 4.1과 4.2에서 습득한 지식을 고려하여야 한다.

•• **요구사항의 취지**

조직 내의 환경 관련 전 과정(원재료 투입부터 고객에게 전달되는 모든 과정)을 정의하고 이 표준의 요구사항에 따라 필요한 프로세스와 각각의 프로세스가 상호 작용하는 흐름을 문서화하여 관리하라(환경경영시스템의 수립, 실행, 성과 평가, 유지 및 지속적 개선).

예) 1. 수립 : 문서화(매뉴얼, 절차서, 지침, 양식 등 작성)
    2. 실행 : 수립된 문서화에 따라 환경경영시스템의 구현(기록물)

3. 성과 평가 : 모니터링, 측정 및 분석, 내부심사, 경영검토 실시

4. 유지 : 성과평가를 통하여 지속성 결정

5. 지속적 개선 : 성과평가를 통하여 개선 결정

•• 주요 체크포인트

1. 조직은 환경 측면의 전 과정 관점에서 프로세스 간의 상호작용에 관하여 정의되고 문서화되어 있는가?

≡ 증빙

문서화된 정보(매뉴얼, 절차서, 지침, 양식, 기록) 각 프로세스의 연관관계, 프로세스 맵, 비즈니스 매트릭스 등

5. 리더십

5.1 리더십과 의지표명

최고경영자는 환경경영시스템에 대한 리더십과 의지를 다음을 통해 표명 (demonstrate)하여야 한다.

a) 환경경영시스템의 효과성에 대한 책무(accountability)를 짐
b) 환경방침과 환경목표가 수립되고, 이들이 조직의 전략 방향과 상황에 부합됨을 보장
c) 환경경영시스템 요구사항을 조직의 비즈니스 프로세스에 통합함을 보장
d) 환경경영시스템에 필요한 자원이 가용함을 보장
e) 효과적인 환경경영의 중요성과 환경경영시스템 요구사항에 적합함의 중요성을 의사소통
f) 환경경영시스템이 그 의도한 결과를 달성함을 보장
g) 환경경영시스템의 효과성에 기여하도록 인원을 지휘하고 지원함

h) 지속적인 개선을 촉진

i) 기타 관련 책임분야에 리더십이 적용될 때, 그들의 리더십을 실증하도록 그 경영자 역할에 대한 지원

비고 이 표준에서 "비즈니스"라 함은 조직의 존재 목적의 핵심이 되는 활동들을 광범위하게 의미하는 것으로 해석할 수 있다.

조직은 조직의 목적과 관련이 있고, 환경경영시스템의 의도된 결과를 달성하기 위한 능력에 영향이 있는 내부 및 외부의 이슈를 규명(determine)하여야 한다. 이러한 이슈에는 조직에 의해 영향을 받거나 영향을 미칠 수 있는 환경여건(environmental condition)이 포함되어야 한다.

•• 요구사항의 취지

ISO 환경경영시스템을 도입하고자 하는 조직의 최고경영자/최고경영진은 환경경영시스템 요구사항을 반영하여 리더십과 의지표명 및 실행의지를 실증하라.

•• 주요 체크포인트

1. 조직은 환경경영시스템 전략적 방향과 상황에 부합되는 방침과 목표가 수립되어 관리되고 있는가?

2. 조직은 환경경영시스템의 요구사항을 각 프로세스에 역할을 부여하고 책임, 권한을 통하여 관리하고 있는가?

3. 조직은 환경경영시스템에 필요한 자원의 가용성이 보장되어 있는가?

4. 조직은 환경경영시스템 효과성에 기여하기 위한 인원을 적극 참여시키고 있는가?

5. 환경경영시스템의 적합성, 중요성이 의사소통되고 있는가?

6. 환경경영시스템의 지속적인 개선에 대한 증거는 무엇인가?

7. 각 부문의 관리자에 대한 지원은 어떻게 하고 있는가?

≡ 증빙

환경방침 및 환경목표, 책임과 역할 및 권한 부여 자료, 환경 관련 유자격자의 확보 자료, 외부환경 관련 계약서, 환경 관련 교육자료, 경영진의 인터뷰 등

5.2 환경방침(Environmental Policy)

최고경영자는 조직의 환경경영시스템 적용 범위 내에서 다음과 같은 환경방침을 수립, 실행 및 유지하여야 한다.

a) 조직의 활동, 제품, 서비스의 성격(nature), 규모 및 환경영향을 포함한, 조직의 목적과 상황에 적절할 것

b) 환경목표를 설정하는 틀을 제공할 것

c) 조직의 상황에 관련이 있는 오염 예방과 그 밖의 구체적인(specific) 의지를 포함한, 환경보호에 대한 의지를 포함할 것

비고　환경보호를 위한 "그 밖의 구체적인(specific) 의지"에는 지속 가능한 자원 사용, 기후변화의 완화와 적응, 생물 다양성과 생태계의 보호가 포함될 수 있다.

d) 조직의 준수의무사항을 충족한다는 의지를 포함할 것

e) 환경성과의 향상을 위해 환경경영시스템의 지속적인 개선에 대한 의지를 포함할 것

- 문서화된 정보로 유지되어야 함
- 조직 내에서 의사소통 되어야 함
- 이해관계자가 이용 가능해야 함

•• 요구사항의 취지

ISO 환경경영시스템을 도입하는 조직의 최고경영자는 환경경영시스템 적용범위 내에서 환경방침을 수립, 실행 및 유지하라.

•• 주요 체크포인트

1. 조직은 환경방침은 수립되고 유지하고 있는가?
2. 조직의 수립된 환경방침은 무엇입니까?
3. 조직의 환경방침은 오염예방과 그 밖의 구체적인 의지를 포함하고 있는가?
4. 조직의 환경방침은 환경보호에 대한 의지를 포함하고 있는가?
5. 조직의 환경방침은 준수의무사항을 충족한다는 의지를 포함하고 있는가?
6. 조직의 환경방침은 환경목표 설정을 위한 틀을 제공하고 있는가?
7. 조직의 환경방침은 환경경영시스템의 지속적 개선에 대한 의지가 포함되어 있는가?
8. 조직은 환경방침을 조직원과 어떻게 의사소통하고 있는가?
9. 이해관계자는 조직의 환경방침을 어디를 통하여 이용할 수 있는가?
10. 프로세스가 계획대로 실행되었음을 확인할 수 있는 문서화된 정보는 무엇인가?

≡ 증빙

환경방침, 방침에 대한 공개(홈페이지, 현수막, 액자 등), 규격 요구사항 반영 유무, 방침에 대한 교육, 직원들의 인식(인터뷰) 등

5.3 조직의 역할, 책임 및 권한

> 최고경영자는 관련 역할(relevant roles)에 대한 책임과 권한을 부여하고 조직 내에서 의사소통됨을 보장하여야 한다.
>
> 최고경영자는 다음에 대한 책임과 권한을 부여하여야 한다.
>
> a) 환경경영시스템이 이 표준의 요구사항에 적합함을 보장
> b) 환경 성과를 포함한 환경경영시스템의 성과를 최고경영자에게 보고

•• 요구사항의 취지

조직이 운영하는 환경경영시스템의 환경 관련 업무를 정의하고 프로세스의 구성원에게 각각의 역할과 책임 및 권한을 부여하라.

예) 1. 경영자 및 관리자의 책임과 권한 : 환경 매뉴얼 및 절차서에 환경에 관련된 권한과 책임을 명시

2. 개인의 책임과 권한 : 직무기술서, 업무 분장표 등 각 환경경영시스템 문서에 세부적인 책임과 권한을 명시

3. 프로젝트 참여자의 책임과 권한 : 프로젝트 계획서 등에 명시

•• 주요 체크포인트

1. 조직은 환경 업무 분장 프로세스에 따라 환경 조직이 구성되고 각 조직별 환경 직무와 관련하여 역할, 책임 및 권한이 부여되어 있는가?
2. 조직원은 환경경영시스템에서 자신의 역할과 책임 권한은 어떻게 의사소통하고 있는가?
3. 환경경영시스템의 환경 성과에 대한 경영자보고 프로세스는 어떻게 되는가?

≡ 증빙

조직의 환경 업무 분장표, 환경 직무기술서, 환경관련 조직도 등

6. 기획

6.1 리스크와 기회를 다루기 위한 조치

6.1.1 일반사항

조직은 6.1.1부터 6.1.4까지의 요구사항을 충족하기 위해, 필요한 프로세스를 수립, 실행 및 유지하여야 한다.

환경경영시스템을 기획할 때, 조직은 다음을 고려하여야 한다.

a) 4.1에 언급된 이슈
b) 4.2에 언급된 요구사항
c) 조직의 환경경영시스템 적용 범위

그리고 환경 측면(6.1.2 참조), 준수의무사항(6.1.3 참조) 그리고 4.1 및 4.2에 명시된 기타 이슈 및 요구사항과 관련된 리스크 및 기회를 규명(determine)하여야 한다.

- 환경경영시스템이 의도한 결과를 달성할 수 있음에 대한 확신을 줌
- 조직에 영향을 주는 외부 환경 여건의 잠재 가능성을 포함하는 바람직하지 않은 결과를 예방하거나 감소시킴
- 지속적인 개선을 달성함

환경경영시스템의 적용 범위 내에서 조직은 환경영향이 있을 수 있는 것들을 포함하는 잠재적인 비상 상황을 규명(determine)하여야 한다.

- 다루어져야 할 필요가 있는 리스크 및 기회
- 6.1.1부터 6.1.4에서 요구된(needed) 프로세스(계획대로 실행되고 있음을 확신하는데 필요한 수준으로)

6.1.2 환경 측면

환경경영시스템의 결정된(defined) 적용 범위 내에서 전 과정 관점을 고려하여 조직이 관리할 수 있고 영향을 미칠 수 있는 조직의 활동, 제품 및 서비스의 환경 측면과 그와 연관된 환경영향을 규명(determine)하여야 한다.

환경 측면을 규명(determine)할 때 조직은 다음을 반영(take into account)하여야 한다.

a) 계획된 또는 새로 수립된 변경사항 그리고 신규 또는 수정된(modified) 활동, 제품 및 서비스
b) 비정상적인 조건 및 합리적으로 예측 가능한 비상상황

조직은 수립된 기준을 활용하여, 환경에 중대한 영향을 미치거나 미칠 가능성이 있는 측면, 즉, 중대한 환경 측면을 규명(determine)하여야 한다.

조직은 적절한 수준에서(as appropriate), 중대한 환경 측면을 조직의 다양한 계층과 부서(function)들과 의사소통하여야 한다.

- 환경 측면 및 관련된 환경영향
- 조직의 중대한 환경 측면을 규명(determine)하는 데 사용한 기준
- 중대한 환경 측면

비고 중대한 환경 측면은 환경 악영향(위협) 또는 유익한 환경영향(기회)과 관련된 리스크 및 기회로 귀결될 수 있다.

6.1.3 준수의무사항

조직은 다음을 실행해야 한다.

a) 환경 측면과 관련된 준수의무사항을 규명(determine)하고 그것에 접근(access)할 수 있어야 함
b) 이러한 준수의무사항이 어떻게 조직에 적용되는지를 규명(determine)하여야 함
c) 조직의 환경경영시스템을 수립, 실행, 유지 및 지속적으로 개선할 때, 이러한 준수의무사항을 반영(take into account)하여야 함

조직은 조직의 준수의무사항과 관련된 문서화된 정보를 유지하여야 한다.

비고 준수의무사항은 조직의 리스크 및 기회로 귀결될 수 있다.

6.1.4 조치계획

조직은 다음을 계획하여야 한다.

a) 다음 사항을 다루기 위한 조치
  1) 중대한 환경 측면
  2) 준수의무사항
b) 환경 성과를 포함한 환경경영시스템의 성과를 최고경영자에게 보고
  1) 6.1.1에서 파악된 리스크 및 기회
c) 다음을 실행하기 위한 방법
  1) 상기 조치를 어떻게 환경경영시스템 프로세스(6.2, 7절, 8절 및 9.1 참조)에 또는 다른 비즈니스프로세스에 통합하고 실행할 것인가?
  2) 이러한 조치의 효과성을 어떻게 평가(9.1 참조)할 것인가?

이러한 조치를 계획할 때, 조직은 조직의 기술적 옵션과 조직의 재무적, 운용상 및 사업상 요구사항을 고려하여야 한다.

•• 요구사항의 취지

조직은 환경경영시스템 관련 리스크와 기회를 정하고 조직의 환경에 영향을 미칠 수 있는 환경 측면, 환경영향, 환경법규, 잠재적 비상상황 등을 전 과정 관점에서 규명하라. 환경영향평가 및 법규 준수 의무사항을 고려하여 조치계획을 수립하고 실행하라.

•• 주요 체크포인트

1. 조직은 환경 측면, 준수의무사항, 기타 이슈 및 요구사항과 관련된 리스크 및 기회가 분석을 통하여 규명되고 조치계획이 수립되어 있는가?
2. 조직은 환경영향이 있을 수 있는 잠재적인 비상 상황을 규명하고 조치계획이 수립되어 있는가?
3. 파악된 비상사항은 무엇인가?

4. 조직은 환경경영시스템의 적용 범위 내에서 전 과정 관점을 고려하여, 조직이 관리할 수 있고 영향을 미칠 수 있는 조직의 활동, 제품 및 서비스의 환경 측면과 그와 연관된 환경영향을 규명하고 조치계획이 수립되어 있는가?
5. 조직은 환경 측면을 고려한 환경영향평가를 실시하였는가?
6. 조직의 환경 측면과 관련하여 규명된 준수의무사항은 무엇이며 조직에 어떻게 적용하고 있는가?
7. 조직은 중대한 환경 측면을 조직의 계층 및 부서들과 어떻게 의사소통하고 있는가?
8. 프로세스가 계획대로 실행되었음을 확인할 수 있는 문서화된 정보는 무엇인가?

≡ 증빙

리스크 및 기회관리 조치계획서, SWOT 분석, 환경 측면 파악표, 환경영향평가서, 환경영향 등록표, 부서별 환경영향 평가표, 환경법규 등록대장, 환경법규 등록표 등

6.2 환경목표와 이를 달성하기 위한 기획

6.2.1 환경목표

조직은 조직의 중대한 환경 측면과 이와 관련된 준수의무사항 그리고 조직의 리스크와 기회를 고려하여, 관련 부서와 계층에서 환경목표를 수립하여야 한다.
환경목표는 다음과 같아야 한다.

a) 환경방침과 일관성이 있음
b) (실행 가능할 경우) 측정 가능하여야 함
c) 모니터링 되어야 함
d) 의사소통 되어야 함
e) 해당되는 경우(as approprate) 최신화되어야 함

조직은 환경목표에 대한 문서화된 정보를 유지하여야 한다.

6.2.2 환경목표 달성을 위한 조치기획

조직의 환경목표를 어떻게 달성할 것인지를 기획할 때, 조직은 다음을 규명(determine)하여야 한다.

a) 무엇을 하여야 하는가?
b) 어떤 자원이 필요한가?
c) 누가 책임을 질 것인가?
d) 언제까지 완료할 것인가?
e) 조직의 측정 가능한 환경목표(9.1.1 참조) 달성에 대한 진척 상황을 모니터링 하기 위한 지표를 포함하여, 어떻게 결과를 평가할 것인가?

조직은 조직의 환경목표를 달성하기 위한 활동을 조직의 비즈니스 프로세스에 어떻게 통합할 것인지를 고려하여야 한다.

•• 요구사항의 취지

조직은 중대한 환경측면과 준수의무사항, 리스크와 기회를 고려하여 환경목표 및 환경세부목표를 설정하고 관리하라.

•• 주요 체크포인트

1. 조직의 환경 목표는 관련 계층과 프로세스에서 수립되어 있는가?(예: 전사적 목표, 부분별 목표, 부서별 목표, 개인별 목표 등)
2. 조직은 환경목표, 목표 책임부서, 주기, 완료 일정 등이 문서화되어 있는가?
3. 조직은 환경목표 달성을 위한 추진계획이 수립되고 실적이 관리되고 있는가?
4. 프로세스가 계획대로 실행되었음을 확인할 수 있는 문서화된 정보는 무엇인가?

≡ 증빙

연간 목표 추진 계획 및 실적서, 세부목표 변경요청서 등

7. 지원

7.1 자원(resource)

> 조직은 환경경영시스템의 수립, 실행, 유지와 지속적인 개선을 위해 필요한 자원을
> 결정하고 제공해야 한다.

·· 요구사항의 취지

조직의 환경경영시스템 운영에 필요한 자원을 정의하고 제공하라

(예: 인적자원, 유형자원, 무형자원 등)

예) 1. 인적자원 : 환경 관련 자격증 소지자 등

2. 유형자원 : 환경 관련 시설 등

3. 무형자원 : 지식, 기술, 정보, 특허 등

1. 조직은 환경경영시스템 운영에 필요한 자원이 파악되어 있는가?
2. 조직은 환경경영시스템 운영에 필요한 자원이 확보되어 있는가?

≡ **증빙**

환경관련 자산 목록, 환경관련 직원명부, 환경관련 조직도, 비상연락망 등

7.2 역량(competence)

조직은 다음을 실행하여야 한다.

a) 조직의 환경성과에 영향을 미치는 업무와 준수의무사항을 충족시키는 조직의 능력(ability)에 영향을 미치는 업무를 수행하는(조직에 의해 통제되는) 인력에게 필요한 역량(competence)의 결정
b) 적절한 학력, 교육훈련 또는 경력을 기준으로 해당 인력의 역량이 있음을 보장
c) 환경경영시스템, 환경 측면과 관련한 교육훈련 니즈(needs)를 결정
d) 해당된다면, 필요한 역량(competence)을 얻기 위한 조치 실행과 실행된 조치의 효과성 평가

비고 해당되는 활동의 예에는 교육훈련의 제공, 멘토링이나, 현재 고용인원의 재배치나 역량이 있는 인원의 고용(또는 계약)이 포함될 수 있다.

조직은 역량(competence)의 증거로, 적절히 문서화된 정보를 보유해야 한다.

•• 요구사항의 취지

조직은 환경경영시스템 운영과 관련된 업무를 분석하고 업무에 필요한 적격성을 갖춘 인원을 확보하라. 또한 필요한 역량 및 적격성을 갖출 수 있도록 조치를 취하고 효과성을 평가하라.

•• 주요 체크포인트

1. 조직의 환경관련 업무에 필요한 역량 및 적격성은 결정되어 있는가?
2. 조직은 인원의 적격성 평가를 위한 기준이 마련되고 평가를 실시하고 있는가?
3. 조직은 프로세스 운용에 필요한 역량을 얻기 위한 교육훈련 등을 실시하고 있는가?
4. 조직은 교육훈련 실시 후 효과성은 평가하고 있는가?
5. 프로세스가 계획대로 실행되었음을 확인할 수 있는 문서화된 정보는 무엇인가?

≡ 증빙

적격성 평가 기준 및 평가표, 교육훈련계획서, 교육결과 보고서, 개인별 교육이력 카드, 교육의 효과성을 확인할 수 있는 서류(합격증, 자격증, 수료증) 등

7.3 인식

조직은 조직의 관리하에 업무를 수행하는 인원이 다음을 인식하고 있음을 보장해야 한다.

a) 환경방침
b) 그들의 업무와 연관된 중대한 환경 측면과 관련된 실제 또는 잠재적인 환경영향
c) 향상된 환경성과의 편익을 포함해서, 환경경영시스템의 효과성에 기여
d) 조직 준수의무사항의 불 충족을 포함하여, 환경경영시스템 요구사항의 미 준수에 따른 영향

•• 요구사항의 취지

조직은 조직원이 환경방침, 환경경영시스템의 효과성에 대한 자신의 기여, 환경경영시스템의 요구사항에 부적합이 발생한 경우의 영향을 인식할 수 있도록 하라.

•• 주요 체크포인트

1. 조직원은 조직의 환경방침과 자신의 역할에 대하여 인식하고 있는가?
2. 조직은 환경경영시스템에 대하여 조직원이 자신의 역할에 대해 어떻게 인식을 할 수 있도록 하고 있는가?

☰ 증빙

현황판/게시판의 게시물, 교육훈련계획서, 교육결과 보고서, 직원 인터뷰 등

7.4 의사소통

7.4.1 일반사항

조직은 다음을 포함하는 환경경영시스템과 관련된 내·외부 의사소통에 필요한 프로세스를 수립, 실행 및 유지하여야 한다.

a) 무엇에 대해 의사소통할 것인가?
b) 언제 의사소통할 것인가?
c) 누구와 의사소통할 것인가?
d) 어떻게 의사소통할 것인가?

의사소통 프로세스를 수립할 때, 조직은 다음을 실행하여야 한다.

- 준수의무사항을 고려
- 의사소통 하는 환경정보가 환경경영시스템 내에서 작성된 정보와 일치하며 신뢰할 수 있음을 보장

조직은 조직의 환경경영시스템과 관련된 의사소통에 대해 대응하여야 한다.

조직은 의사소통의 증거로 문서화된 정보를 적절한 수준에서(as appropriate) 보유해야 한다.

7.4.2 내부 의사소통

조직은 다음을 실행하여야 한다.

a) 환경경영시스템의 변경을 포함하여, 조직의 다양한 계층과 부서 간에 환경경영시스템과 관련된 정보를 내부적으로 적절한 수준에서(as appropriate) 의사소통
b) 조직의 의사소통 프로세스가 조직의 관리하에 업무를 수행하는 인원이 지속적인 개선에 기여하도록 하는 것을 보장

7.4.2 외부 의사소통

조직은 수립된 조직의 의사소통 프로세스에 따라 그리고 준수의무사항에서 요구하는 바대로, 환경경영시스템과 관련된 정보를 외부와 의사소통하여야 한다.

•• **요구사항의 취지**

　조직은 환경경영시스템 관련하여 내부 의사소통 및 외부 의사소통 채널을 구축하라.

··주요 체크포인트

1. 조직은 내부 및 외부와의 의사소통에 대하여 프로세스가 정의되고 관리되고 있는가?
2. 조직의 내부 및 외부 비상 연락망은 구축되어 있는가?
3. 프로세스가 계획대로 실행되었음을 확인할 수 있는 문서화된 정보는 무엇인가?

≡ 증빙

회의록, 의사소통관리 대장, 내부 인트라넷, 사내게시판, 홈페이지, 비상 연락망(내부, 외부), 주간(월간) 환경정보 보고서 등

7.5 문서화된 정보의 관리

7.5.1 일반사항

조직의 환경경영시스템은 다음을 포함하여야 한다.

a) 이 표준에서 요구하는 문서화된 정보
b) 환경경영시스템의 효과성을 위해 조직이 필요하다고 결정한 문서화된 정보

비고 환경경영시스템을 위한 문서화된 정보의 범위는 다음에 의해 조직에 따라 다를 수 있다.

- 조직의 규모와 조직의 활동, 프로세스, 제품 및 서비스의 유형
- 조직의 준수의무사항 충족에 대한 증명의 필요성
- 프로세스의 복잡성과 프로세스 간의 상호작용
- 조직의 관리하에 업무를 수행하는 인력의 역량(competence)

7.5.2 작성(creating) 및 갱신

문서화된 정보를 작성(creating)하고 갱신할 때, 조직은 다음이 적절함을 보장하여야 한다.

a) 문서식별(identification) 및 그 내용(description)(예: 제목, 날짜, 작성자, 또는 문서번호)
b) 형식(예: 언어, 소프트웨어 버전, 그래픽) 및 매체(예: 종이, 전자매체)
c) 적절성(suitability) 및 충족성(adequacy)을 위한 검토 및 승인

7.5.3 문서화된 정보의 관리

환경경영시스템과 이 표준에서 요구하는 문서화된 정보는 다음을 보장하기 위해 관리되어야 한다.

a) 필요한 장소 및 필요한 시기에 사용 가능하고 사용하기에 적절함
b) 충분하게 보호됨[예: 기밀유지의 실패, 부적절한 사용 또는 완전성(integrity)의 실패로부터]

문서화된 정보의 관리를 위해 조직은 적용 가능한 경우 다음을 다루어야 한다.

• 배포, 접근, 검색 및 사용
• 가독성(legibility)의 보존을 포함하는 보관 및 보존
• 변경 관리(예: 버전 관리)
• 보유 및 폐기

환경경영시스템의 기획 및 운용을 위하여 필요하다고 조직이 정한 외부 출처의 문서화된 정보는 적절한 수준에서(as appropriate) 파악되고 관리되어야 한다.

> 비고 접근이란 문서화된 정보에 대해 보는 것만 허락하거나, 문서화된 정보를 보고 변경하는 허락 및 권한에 관한 결정을 의미할 수 있다.

•• 요구사항의 취지

조직에서 사용되는 환경경영시스템 관련 문서 및 기록을 관리하라.

•• 주요 체크포인트

1. 조직은 문서관리(기록관리) 프로세스에 의해 문서화된 정보가 관리되고 있는가?
2. 프로세스가 계획대로 실행되었음을 확인할 수 있는 문서화된 정보는 무엇인가?

≡ 증빙

문서 제, 개정 심의서(전자문서 포함), 문서배포 관리대장, 문서목록, 외부문서 관리대장, 디스켓 및 CD 관리대장, 홈페이지 관리대장 등

8. 운용

8.1 운용기획 및 관리(control)

조직은 다음을 통하여 환경경영시스템 요구사항을 충족하고 6.1 및 6.2에 명시된 조치를 실행하기 위해 필요한 프로세스를 수립, 실행, 관리 및 유지하여야 한다.

- 프로세스를 위한 운용기준 수립
- 운용기준에 부합하는 프로세스 관리를 실행

비고   관리에는 공학적 관리(engineering control) 및 절차가 포함될 수 있다. 관리는 위계[hierarchy, 예: 제거, 대체, 운용관리(administrative)]에 따라 실행될 수 있고, 이 위계의 부분 또는 조합으로 실행될 수 있다.

조직은 계획된 변경사항을 관리하고, 의도하지 않은 변경사항의 결과를 검토해야 하며, 필요에 따라 모든 악영향을 완화하기 위한 조치를 취해야 한다.

조직은 외주처리 프로세스를 관리하고 영향을 미칠 수 있음을 보장하여야 한다. 이 프로세스에 적용될 관리나 영향의 유형과 범위는 환경경영시스템 내에 정의되어야 한다.

전 과정 관점과 일관되게, 조직은 다음을 수행하여야 한다.

a) 조직의 환경 요구사항이 각 전 과정 단계를 고려하여 제품이나 서비스의 설계 및 개발 프로세스에서 다루어짐을 보장하기 위해 관리방법(controls)을 적절한 수준에서(as appropriate) 수립

b) 제품 및 서비스의 구매에 대한 조직의 환경 요구사항을 적절한 수준에서(as appropriate) 결정

c) 조직의 관련 환경 요구사항을 계약자를 포함한 외부 공급자와 의사소통

d) 조직의 제품이나 서비스의 운송 또는 배송, 사용, 사용 후 처리 및 최종 폐기와 관련된 잠재적인 중대한 환경영향에 대한 정보의 제공 필요성을 고려

조직은 프로세스가 계획된 대로 실행되었음을 확신할 수 있는 범위까지 필요한 문서화된 정보를 유지하여야 한다.

•• 요구사항의 취지

조직의 환경경영시스템 관련 전 과정 관점에서 파악된 프로세스를 프로세스 운용기준에 따라 실행 관리하라.

•• 주요 체크포인트

1. 조직의 프로세스 운용기준은 환경경영시스템의 전 과정 단계를 고려하여 수립되었는가?

2. 프로세스의 운용기준에 따라 환경경영시스템이 실행되고 있는가?

3. 조직의 환경경영시스템 요구사항의 변경 시 어떻게 관리되고 있는가?

4. 조직의 환경경영시스템 요구사항을 외부 공급자와 어떻게 의사소통하고 있는가?

5. 조직의 제품 및 서비스의 공급 후 환경 관점의 사후관리는 어떻게 처리되고 있는가?

6. 유해물질에 대한 MSDS를 구비하여 현장에 비치하고 관리하고 있는가?

7. 폐기물은 어떻게 관리 처리하고 있는가?

8. 프로세스가 계획대로 실행되었음을 확인할 수 있는 문서화된 정보는 무엇인가?

≡ **증빙**

전 과정 공정 흐름도, 소음 및 진동관리 대장, 오수처리장 일일점검표, 폐기물 관리대장, 유해자재 관리대장, 유해 물질 자재 목록 등

8.2 비상사태 대비 및 대응

조직은 6.1.1에서 파악된 잠재적인 비상상황에 대비하고 대응하기 위한 필요한 프로세스를 수립, 실행 및 유지하여야 한다.

조직은 다음을 수행하여야 한다.

a) 비상상황으로부터 환경 악영향을 예방 또는 완화하기 위한 조치계획을 통한 대응 준비

b) 실제 비상상황에 대응

c) 비상상황에서 비롯된 결과(consequence)를 예방 또는 완화하기 위해 비상사태와 잠재적인 환경영향의 크기에 적절한 조치 시행

d) 실제적으로 가능한 경우, 계획된 대응 조치를 주기적으로 연습(test)

e) 특히, 비상사태 발생 또는 연습(test) 실시 이후, 주기적으로 대응 프로세스와 계획된 대응조치를 검토하고 개정

f) 비상사태 대비 및 대응과 관련된 타당한 정보와 교육훈련을 조직의 관리하에 업무를 수행하는 인력을 포함한 관련 이해관계자에게 적절한 수준에서(as appropriate) 제공

조직은 프로세스가 계획된 대로 실행됨을 확신할 수 있는 범위까지 필요한 문서화된 정보를 유지하여야 한다.

•• 요구사항의 취지

조직에서 발생할 가능성이 있는 환경 관련 사고를 대비하기 위하여 시나리오를 구성하고 정기적인 훈련을 실시하라. 환경 관련하여 실제 비상상황이 발생하면 훈련에 따른 대응을 하라.

•• 주요 체크포인트

1. 비상사태 대비 및 대응을 하기 위한 프로세스를 수립하여 관리하고 있는가?
2. 비상사태 대응을 위하여 시나리오에 따라 주기적으로 훈련은 이루어지고 있는가?
3. 현장에 비상사태 대비 및 대응 관련 장애물 및 불필요한 요소(물건 등)는 없는가?
4. 현장에 비상사태 대응 관련 비품 등은 구비 되어 있는가?
5. 조직의 관리하에 업무를 수행하는 인력 및 이해관계자에게 비상사태 대비 및 대응에 대한 교육훈련과 정보를 제공하고 있는가?
6. 프로세스가 계획대로 실행되었음을 확인할 수 있는 문서화된 정보는 무엇인가?

≡ 증빙

비상사태 훈련 계획서, 비상사태 훈련 보고서, 비상연락망 체계표, 비상사태 시나리오, 비상사태 대응 관련 비품 목록 등

9. 성과 평가

9.1 모니터링, 측정, 분석 및 평가

9.1.1 일반사항

조직은 조직의 환경성과를 모니터링, 측정, 분석 및 평가하여야 한다.
조직은 다음을 결정하여야 한다.

a) 무엇을 모니터링하고 측정할 필요가 있는가?
b) 유효한 결과를 보장하기 위해 적용 가능한 모니터링, 측정, 분석 및 평가 방법
c) 조직이 조직의 환경성과를 평가하기 위한 기준과 적절한 지표
d) 언제 모니터링 및 측정을 수행할 것인가?
e) 언제 모니터링 및 측정 결과를 분석하고 평가할 것인가?

조직은 적절한 수준에서(as appropriate), 교정되거나 검증된 모니터링 및 측정 장비를 사용하고 유지하고 있음을 보장하여야 한다.

조직은 조직의 환경성과와 환경경영시스템의 효과성을 평가하여야 한다.

조직은 관련 환경성과 정보를 조직의 의사소통 프로세스와 조직의 준수의무사항의 요구에 따라 내부와 외부에 의사소통하여야 한다.

조직은 모니터링, 측정, 분석 및 평가 결과의 증거로 적절한 문서화된 정보를 유지하여야 한다.

9.1.2 준수 평가

조직은 조직의 준수의무사항을 충족함을 평가하기 위해 필요한 프로세스를 수립, 실행 및 유지하여야 한다.

조직은 다음을 수행하여야 한다.

a) 준수평가의 빈도를 결정
b) 준수평가를 수행하고 필요한 조치를 취함
c) 조직의 준수 상황에 대한 지식과 이해를 유지

조직은 준수평가 결과의 증거로 문서화된 정보를 유지하여야 한다.

•• 요구사항의 취지

조직의 환경경영시스템 구축, 실행, 유지에 대한 환경성과를 모니터링, 측정, 분석 및 평가를 통해 관리하라.

1. 환경성과에 대한 모니터링 및 측정 대상, 방법, 지표, 시기, 평가 및 분석 시기 등은 결정 되어 있는가?
2. 환경성과에 대한 모니터링, 측정 및 평가는 절차에 따라 실행되고 있는가?
3. 환경성과 관련 모니터링 및 측정 장비의 검 교정은 규정에 따라 관리되고 있는가?
4. 조직은 환경성과와 환경경영시스템의 효과성을 평가하고 있는가?
5. 조직은 관련 환경성과 정보를 내부와 외부에 의사소통 하고 있는가?
6. 환경법규 및 규제요구사항 대하여 준수사항과 위법사항이 관리 되고 있는가?
7. 프로세스가 계획대로 실행되었음을 확인할 수 있는 문서화된 정보는 무엇인가?

≡ **증빙**

환경점검 및 측정계획, 환경 관리 체크리스트, 준수평가 계획, 준수평가 체크리스트 모 니터링 및 측정 장비 검 교정 자료 등

9.2 내부심사

9.2.1 일반사항

조직은 다음 사항에 대한 정보를 제공하기 위해 계획된 주기에 따라 내부심사를 수 행하여야 한다.

a) 환경경영시스템이 다음 사항에 적합한지
  1) 환경경영시스템에 대한 조직 자체의 요구사항
  2) 이 표준의 요구사항
  b) 환경경영시스템이 효과적으로 실행되고 유지되는지

9.2.2 내부심사 프로그램

조직은 내부심사의 빈도, 방법, 책임, 계획 요구사항과 보고를 포함하는 내부심사 프로그램을 수립, 실행 및 유지하여야 한다.

내부심사 프로그램을 수립할 때 조직은 관련 프로세스의 환경적 중요성, 조직에 영향을 주는 변경사항 및 이전 심사의 결과를 고려하여야 한다.

조직은 다음을 수행하여야 한다.

a) 각 심사별 심사 기준 및 범위를 결정
b) 심사 프로세스의 객관성과 공평성(impartiality)을 보장하기 위해 심사원을 선정하고 심사를 수행
c) 심사결과가 관련 경영자에게 보고됨을 보장

조직은 심사프로그램의 실행과 심사 결과의 증거로 문서화된 정보를 유지하여야 한다.

·· 요구사항의 취지

조직의 환경경영시스템과 관련된 요구사항과 조직 자체의 요구사항을 계획된 주기로 내부심사를 통하여 점검하라.

·· 주요 체크포인트

1. 조직의 내부심사는 절차에 따라 실시하였는가?
2. 조직의 내부심사는 언제 실시 하였는가?
3. 조직의 내부심사 조치사항은 무엇인가?
4. 내부심사원에 대한 평가기준이 마련되고 평가 실행, 등록이 되어 있는가?
5. 등록된 내부심사원이 심사를 실시하였는가?

6. 객관성과 공평성을 위하여 해당 업무 수행자는 심사에서 배제되어 있는가?
7. 프로세스가 계획대로 실행되었음을 확인할 수 있는 문서화된 정보는 무엇인가?

≣ 증빙

년간 내부심사 계획서, 내부심사 실시 통보서, 내부심사 체크리스트, 내부심사 결과보고서, 시정조치 요구서, 시정조치 관리대장, 내부심사원 평가기준, 내부심사원 평가서, 내부심사원 등록대장 등

9.3 경영검토

최고경영자는 조직의 지속적인 적절성(suitability), 충족성(adequacy) 및 효과성(effectiveness)을 보장하기 위하여 계획된 주기로 조직의 환경경영시스템을 검토하여야 한다.

경영검토에는 다음에 대한 고려를 포함하여야 한다.

a) 이전 경영검토에서 취한 조치의 상황
b) 다음의 변경사항
 1) 환경경영시스템과 관련된 외부 및 내부 이슈
 2) 준수의무사항을 포함한 이해관계자의 니즈(needs)와 기대
 3) 조직의 중대한 환경 측면
 4) 리스크와 기회
c) 환경목표의 달성 정도
d) 조직의 환경 성과에 대한 정보(다음 항목에서의 경향을 포함한)
 1) 부적합 및 시정조치
 2) 모니터링 및 측정 결과

3) 준수의무사항 충족

4) 심사결과

e) 자원의 충족성(adequacy)

f) 불만을 포함한 이해관계자로부터의 의사소통

g) 지속적 개선 기회

경영검토의 결과물에는 다음이 포함되어야 한다.

a) 환경경영시스템의 지속적인 적절성(suitability), 충족성(adequacy) 및 효과성 (effectiveness)에 대한 결론

b) 지속적 개선 기회와 관련된 의사결정

c) 자원을 포함한 환경경영시스템 변경 필요성과 관련된 의사결정

d) 환경목표가 달성되지 않은 경우 필요한 조치

e) 필요할 경우, 환경경영시스템과 다른 비즈니스 프로세스와의 통합체계 (integration)를 개선할 수 있는 기회

f) 조직의 전략적 방향에 대한 영향(any implications)

조직은 경영검토의 결과의 증거로 문서화된 정보를 유지하여야 한다.

•• 요구사항의 취지

조직의 전략적 방향에 대한 환경경영시스템의 지속적인 적절성, 충족성, 효과성 및 정렬성을 보장하기 위하여 계획된 주기로 조직의 환경경영시스템을 검토하라.

•• 주요 체크포인트

1. 경영검토는 프로세스에 따라 적절하게 실시되었는가?

2. 경영검토 언제 실시하였는가?

3. 경영검토는 검토 입력사항을 반영하고 있는가?

4. 경영검토는 검토 출력사항을 반영하고 있는가?

5. 프로세스가 계획대로 실행되었음을 확인할 수 있는 문서화된 정보는 무엇인가?

≡ 증빙

경영검토 회의록, 경영검토 보고서 등

10. 개선

10.1 일반사항

> 조직은 조직의 환경경영시스템의 의도한 결과를 달성하기 위해 개선의 기회를 규명 (determine)하고(9.1, 9.2 및 9.3 참조), 필요한 활동을 실행하여야 한다.

•• 요구사항의 취지

조직은 환경경영시스템의 의도한 결과를 달성하기 위해 개선의 기회를 규명하고, 필요한 활동을 실행하여야 한다.

•• 주요 체크포인트

1. 조직의 환경경영시스템의 의도한 결과를 달성하기 위해 개선절차에 따라 개선 활동이 실행되고 있는가?

개선 추진 실적 보고서, 개선기회 보고서, 데이터분석 자료 등

10.2 부적합 및 시정조치

부적합이 발생한 경우, 조직은 다음을 수행하여야 한다.

a) 부적합에 대응하여야 하며, 적용 가능한 경우 다음을 수행

   1) 부적합을 관리하고 시정하기 위한 조치를 취함

   2) 결과(consequences) 처리(환경 악영향의 완화를 포함)

b) 부적합이 재발하거나 다른 곳에서 발생하지 않도록 다음을 통해 부적합의 원인을 제거하기 위한 조치의 필요성을 평가

   1) 부적합을 검토

   2) 부적합의 원인을 규명(determining)

   3) 유사한 부적합이 존재하는지 또는 잠재적으로 발생할 수 있는지를 규명(determining)

c) 필요한 모든 조치를 실행

d) 취해진 모든 시정조치의 효과성을 검토

e) 필요한 경우 환경경영시스템을 변경

시정조치는 환경영향을 포함하여 발생한 부적합의 영향의 중요성에 적절하여야 한다.

조직은 다음의 증거로 문서화된 정보를 유지하여야 한다.

부적합의 성격(nature) 및 취해진 모든 후속적인 조치 모든 시정조치의 결과

⬩⬩ 요구사항의 취지

부적합이 발생한 경우 부적합에 대한 근본 원인 분석, 수평전개(규모 확인), 방지 대책 수립, 효과성 평가, 경영시스템 변경 등을 통하여 관리하라.

⬩⬩ 주요 체크포인트

1. 부적합이 발생한 경우 시정조치가 실행되고 환경 악영향의 완화를 포함하여 결과가 처리되고 있는가?
2. 재발방지 대책을 위한 부적합의 원인 분석, 방지 대책 수립 및 실행, 효과성 검토, 경영시스템 변경 등은 이루어지고 있는가?
3. 프로세스가 계획대로 실행되었음을 확인할 수 있는 문서화된 정보는 무엇인가?

≡ 증빙

시정조치요구서, 시정조치요구 관리대장 등

10.3 지속적 개선

> 조직은 환경경영시스템의 적절성, 충족성 및 효과성을 지속적으로 개선하여야 한다.
>
> 조직은 지속적 개선의 일부로서 다루어야 할 니즈 또는 기회가 있는지를 결정하기 위하여, 분석 및 평가의 결과 그리고 경영검토의 출력사항을 고려하여야 한다.

⬩⬩ 요구사항의 취지

조직은 환경경영시스템의 적절성, 충족성 및 효과성을 지속적으로 개선하라.

⋅⋅주요 체크포인트

1. 조직은 환경경영시스템의 적절성, 충족성 및 효과성을 지속적으로 개선하고 있는가?
2. 지속적 개선을 위한 수집된 데이터의 분석 및 평가가 이루어지고 있는가?

≡ 증빙

개선 추진계획서 등

제2장

환경경영 시스템 구축 실무

1. ISO 환경경영시스템 매뉴얼
2. ISO 환경경영시스템 절차서
3. ISO 환경경영시스템 양식

1. ISO 환경경영시스템 매뉴얼

(주)이큐	환경경영 매뉴얼	문서번호	EQ-M-001
		제정일	20XX. XX. XX
		개정일	20XX. XX. XX
	표 지	개정번호	01
		PAGE	1 / 1

주식회사 이큐

구분	작성	검토			승인
날짜					
이름					
서명					

(주)이큐	환경경영 매뉴얼	문서번호	EQ-M-001
		제 정 일	20XX. XX. XX
		개 정 일	20XX. XX. XX
	1. 목차 및 개정이력	개정번호	01
		PAGE	1 / 1

목차

장	제목	개정번호
	ISO 9001:2015	
1	목차 및 개정이력	01
2	적용 범위 및 용어의 정의	01
3	방침/조직/프로세스	01
4	조직 상황	01
5	리더쉽	01
6	기획	01
7	지원	01
8	운영	01
9	성과 평가	01
10	개선	01

개정 번호	개정 일자	개정 내용
00 01	20XX.XX.XX 20XX.XX.XX.	제정 기존 시스템에서 ISO 14001:2015 도입에 따른 적합한 환경경영시스템으로의 전환

	환경경영 매뉴얼	문서번호	EQ-M-001
(주)이큐		제정일	20XX. XX. XX
		개정일	20XX. XX. XX
	2. 적용 범위 및 용어의 정의	개정번호	01
		PAGE	1 / 4

1. 일반사항

1.1 본 매뉴얼은 고객 및 이해관계자 요구사항, 적용되는 법적 및 규제적 요구사항 그리고 ISO 14001:2015 요구사항에 대한 적합성 및 효과성을 확보하고 환경경영 시스템의 지속적인 개선을 통하여 고객 및 이관계자 만족을 증진 시키고자 수립 되었다.

1.2 본 매뉴얼은 상기 1.1 요구사항의 핵심요소와 당사의 환경경영 관련 프로세스 문 서와의 상호관계를 기술한 최상위 문서로써 당사 환경경영시스템의 근간이 되 며, 하위 문서와 상충 사항이 발생될 경우에는 본 매뉴얼이 우선한다.

2. 적용 범위

2.1 본 매뉴얼은 당사의 다음 사업장의 환경경영시스템에 대하여 적용한다.

　(예) 본사 : 서울시 노원구 석계로 ○○○○

　　　공장 : 경북 구미시 공단동 ○○○○

　　　제품 및 활동 : 반도체 제조설비 및 부품(Heating Jacket, 기구물 등)에 대한 설계, 개 발, 생산, 및 서비스

3. 용어의 정의

· **조직상황** : 조직의 목표 달성과 개발에 대한 조직의 접근법에 영향을 줄 수 있는 내부 및 외부 이슈의 조합
· **이해관계자** : 의사결정 또는 활동에 영향을 줄 수 있거나, 영향을 받을 수 있거나 또는 그 들 자신이 영향을 받는다는 인식을 할 수 있는 사람 또는 조직
· **의사소통(Communication)** : 조직의 구성원들 간의 생각이나 감정 등을 교환하는 총체적 인 행위
· **리스크** : 불확실한 영향
· **리스크와 기회** : 잠재적인 부정적인 영향(위협) 그리고 잠재적인 유익한 영향(기회)

· **문서화된 정보** : 조직에 의해 관리되고 유지되도록 요구되는 정보 및 정보가 포함되어 있는 매체

· **전과정** : 천연자원으로부터 원료의 획득 및 생성에서 최종 처분까지 제품(또는 서비스) 시스템의 연속 또는 연결된 단계

· **외주처리(하다)** : 조직의 기능 또는 프로세스의 일부를 외부 조직이 수행하도록 계약하는 것을 말한다.

· **심사** : 심사 기준에 충족되는 정도를 결정하기 위하여 심사 증거를 수집하고 평가하기 위한 체계적이고 독립적이며 문서화된 프로세스

· **지표** : 조건 또는 운영, 관리 또는 조건의 측정 가능한 표시

· **모니터링** : 시스템, 프로세스 또는 활동의 상황을 결정하는 것

· **환경성과** : 환경 측면의 관리와 관련된 성과

· **고객 요구사항** : 고객의 명시적인 니즈 또는 기대, 일반적으로 묵시적이거나 의무적인 요구 또는 기대

· **문서화된 정보(documented inoformation)** : 조직에 의해 관리되고 유지되도록 요구되는 정보 및 정보가 포함되어 있는 매체

· **경영시스템** : 목표 달성을 위한 방침 및 목표 그리고 프로세스 수립을 위해 조직의 상호 관련되거나 상호 작용하는 요소의 집합으로 품질, 환경, 안전보건 통합 경영시스템을 말한다.

· **환경경영시스템** : 환경 측면 관리, 준수의무의 충족 및 리스크와 기회를 다루기 위해 사용되는 경영시스템의 일부

· **환경** : 공기, 물, 토양, 천연자원, 식물군, 동물군, 인간 및 이들 요소간의 상호관계를 포함하여 조직이 운영되는 주변 여건

· **환경 측면** : 환경과 상호작용하거나 할 수 있는 조직의 활동 또는 제품 또는 서비스의 요소

· **환경영향** : 조직의 환경 측면에 의해 전체적 또는 부분적으로 좋은 영향을 미치거나 또는 나쁜 영향을 미칠 수 있는 환경변화

· **준수의무** : 법적 요구사항 및 다른 요구사항으로써, 조직이 준수하여야 하는 법적 요구사항 그리고 조직이 준수하여야 하는 또는 준수하기로 선택한 다른 요구사항

· **법적요구사항 및 기타 요구사항** : 준수의무를 포함한 단체협약 조항, 관행에 따라 근로자 대표를 결정하는 요구사항 등이 포함된 요구사항

· **대비(Preparedness)** : 비상사태 발생을 미연에 방지하기 위한 대응책

· **대응(Response)** : 어떤 비상사태에 맞추어 태도, 행동을 취하는 상태

· **리싸이클(Recycle)** : 폐기물을 재생하는 것

· **배출시설(Emission or Discharge Facility)** : 오염물질을 배출하는 시설물, 기계, 기구 등을 말한다.

· **방지시설(Prevention Facility)** : 오염물질 배출시설로부터 배출되는 오염물질을 제거하거나 감소시키는 시설

· **비상사태(Emergency)** : 천재지변 등 예상되지 않는 사고로 환경에 심각한 피해 또는 인적, 재산적 손실이 발생할 수 있는 상태

· **오염 예방(Prevention of Pollution)** : 부정적인 환경영향을 감소시키기 위하여, 어떠한 형태의 오염물질 또는 폐기물의 발생, 방출 또는 배출의 회피, 저감 또는 관리(분리 또는 조합하여)를 위한 프로세스, 관행, 기술, 재료, 제품, 서비스 또는 에너지의 활용(비고 : 오염 예방에는 발생원의 감소 또는 제거, 프로세스, 제품 또는 서비스의 변경, 자원의 효율적인 활용, 재료 및 에너지의 대체, 재사용, 회수, 재활용, 재생이용 및 처리가 포함될 수 있다)

· **환경 세부목표(Environmental Target)** : 환경목표를 달성하기 위해 설정되고 충족될 필요가 있는, 환경목표에 따라 조직의 전체 또는 일부에 적용되는 세부적인 성과 요구사항

· **환경영향 등록부(Environmental Impact Inventory)** : 이미 알고 있는 것, 잠재적인 것, 예상할 수 있는 것으로 조직의 활동, 제품 및 서비스가 미치는 환경영향 일람표

· **환경영향평가(Environmental Impact Assessment)** : 조직의 활동, 제품 및 서비스가 전체적 또는 부분적으로 환경에 미치는 변화를 평가하는 것

· **환경위원회 혹은 환경관리위원회(Environmental Committee)** : 경영자 환경검토를 위해 구성하는 조직체로 환경위원장, 간사, 위원으로 구성되며 조직의 환경 측면의 중대한 문제에 대해 협의를 통해 결정을 한다.

· **폐기물(Waste)** : 쓰레기, 연소재, 오니(하수처리 또는 정수과정에서 생기는 침전물), 폐유, 폐산, 폐알카리, 동물의 사체 등으로 일상의 생활이나 사업활동에 필요하지 아니하게 된 물질로 사업활동에 수반하여 발생하는 오니, 폐유, 폐산, 폐알카리, 폐고무, 폐합성수지 등 환경 및 국민보건에 유해한 물질을 특정폐기물이라 하고 이외의 폐기물을 일반폐기물이라 한다.

· **작업장(Workplace)** : 인원이 업무 목적으로 근무하거나 업무를 위하여 이동할 필요가 있는 조직의 관리하에 있는 장소

본 매뉴얼에서 사용하고 있는 모든 용어는 "ISO 14001:2015"의 정의를 따르며, 정의되지 않은 용어는 관련 법규 및 당사의 제 규정 또는 규칙에서 규정된 정의를 준용한다. 다만, 하부 규정에서 필요한 용어의 정의는 별도로 정할 수 있다.

1. 조직도

2. 환경방침 및 환경목표

환 경 방 침 (예)

(주)이큐는 반도체 제조설비 및 부품 제조업체로서 우리의 활동이 환경에 미치는 영향을 최소화하는 것이 경영의 소명임을 인식하고 국제표준에 따른 환경경영시스템 ISO 14001을 구축하여 지속적인 환경개선을 위하여 다음과 같이 환경방침이 실행되도록 관리한다.

환 경 목 표 (예)

· 환경관련 법규 및 제반 규정을 철저히 준수한다.
· 모든 생산 활동의 환경영향을 파악하고 이를 최소화하기 위해 환경목표와 세부목표를 수립 및 시행하며 재활용, 재사용, 폐기물 감량화 등을 추진하여 환경개선과 오염방지 활동을 지속적으로 전개한다.
· 환경영향 및 유해성을 최소화하는 제품을 생산한다.

XXXX. XX. XX.

주식회사 이큐

대표이사 홍길동

3. 문서목록

본 매뉴얼을 아래와 같은 국제규격의 요구사항을 적용하여 작성하였다.

요구사항	관련 절차서
4. 조직상황	
4.1 조직과 조직상의 이해	EQP-0401 조직상황 관리
4.2 이해관계자의 니즈와 기대 이해	
4.3 환경경영시스템 적용 범위 결정	EQP-0402 적용 범위 관리
4.4 환경경영시스템	
5. 리더십	
5.1 리더십과 의지표명	EQP-0501 리더십
5.2 방침	EQP-0502 방침 관리
5.3 조직의 역할, 책임과 권한	EQP-0503 책임과 권한
6. 기획	
6.1 리스크와 기회를 다루는 조치	EQP-0601 리스크 및 기회 관리 절차서
	EQP-0602 환경 측면 파악 및 영향평가
	EQP-0603 준수의무
6.2 목표 및 목표 달성 기획	EQP-0605 목표관리
6.3 변경의 기획	

7. 지원	
7.1 자원	EQP-0701 자원관리
7.2 역량/적격성	EQP-0702 인적자원관리
7.3 인식	
7.4 의사소통	EQP-0703 의사소통
7.5 문서화된 정보	EQP-0704 문서관리
8. 운용	
8.1 운용 기획 및 관리	EQP-0801 운용 기획 및 관리
8.2 비상사태 대비 및 대응	EQP-0803 비상사태 대비 및 대응
9. 성과측정	
9.1 모니터링, 측정, 분석 및 평가	EQP-0901 모니터링, 측정, 분석 및 평가
9.1.2 준수평가	EQP-0910 준수평가
9.2 내부심사	EQP-0902 내부심사
9.3 경영검토/경영평가	EQP-0903 경영검토
10. 개선	
10.1 일반사항	EQP-1001 개선관리
10.2 부적합 및 시정조치	
10.3 지속 개선	

(주)이큐	환경경영 매뉴얼	문서번호	EQ-M-001
		제 정 일	20XX. XX. XX
		개 정 일	20XX. XX. XX
	4. 조직 상황	개정번호	01
		PAGE	1 / 2

1. 조직 및 조직의 상황에 대한 이해

1) 조직은, 조직의 목적 및 전략적 방향과 관련이 있는 외부와 내부 이슈를 그리고, 환경경영시스템의 의도된 결과를 달성하기 위한 조직의 능력에 영향을 주는 외부와 내부 이슈를 결정하여야 한다.

2) 이러한 이슈에는 조직에 의해 영향을 받거나 영향을 미칠 수 있는 환경 여건이 포함되어야 한다.

2. 이해관계자의 니즈와 기대 이해

조직은 다음 사항을 정하여야 한다.

   (1) 환경경영시스템에 관련되는 이해관계자

   (2) 환경경영시스템에 관련되는 이해관계자의의 니즈 및 기대(즉, 요구사항)

   (3) 이러한 니즈와 기대 중 어느 것이 법적 요구사항 및 기타 요구사항인지 또는 될 수 있는지 여부

3. 환경경영시스템 적용범의 결정

1) 조직은 적용 범위를 설정하기 위하여 환경경영시스템의 경계 및 적용 가능성을 정하여야 한다.

2) 환경경영시스템 적용 범위를 정할 때, 조직은 다음 사항을 고려하여야 한다.

   (1) 4.1에 따른 외부와 내부 이슈

   (2) 4.2에 따른 관련 이해관계자의 요구사항 및 준수사항

   (3) 조직의 단위, 기능 및 물리적 경계

   (4) 조직의 제품 및 서비스

3) 조직의 환경경영시스템의 적용 범위는 문서화된 정보로 이용가능하고 유지되어야 한다.

4. 환경경영시스템 및 그 프로세스

1) 조직은 이 표준의 요구사항에 따라, 필요한 프로세스와 그 프로세스의 상호 작용을 포함하고, 환경성과의 목표로 세운 결과를 이루기 위해서 경영시스템을 수립, 실행, 유지 및 지속적 개선을 하여야 한다.

2) 조직은 환경경영시스템을 수립하고 유지할 때 4.1과 4.2에서 얻은 지식을 고려 (consider)해야 한다.

[관련문서]

1. EQP-0401 조직상황 관리 절차서
2. EQP-0402 적용 범위 관리 절차서

(주)이큐	환경경영 매뉴얼	문서번호	EQ-M-001
		제정일	20XX. XX. XX
		개정일	20XX. XX. XX
	5. 리더십	개정번호	01
		PAGE	1 / 2

1. 리더십과 의지표명

1.1 일반사항

최고경영자는 환경경영시스템에 대한 리더십과 의지표명/실행의지(commitment)을 다음 사항에 의하여 실증하여야 한다.

1) 환경경영시스템의 효과성에 대한 책임(accountability)을 진다.

2) 환경방침 및 목표가 수립되고, 조직의 전략적 방향에 조화됨을 보장하여야 한다.

3) 환경경영시스템 요구사항이 조직의 비즈니스 프로세스와 통합됨을 보장하여야 한다.

4) 환경경영시스템에 필요한 자원의 가용성이 보장하여야 한다.

5) 효과적인 환경경영시스템 운영의 중요성 그리고 환경경영시스템 요구사항과의 적합성에 대한 중요성을 의사소통되어야 한다.

6) 환경경영시스템이 의도한 결과를 달성함을 보장하여야 한다.

7) 환경경영시스템의 효과성에 기여하기 위한 인원을 적극 참여시키고, 지휘하고 지원하여야 한다.

8) 개선을 촉진하여야 한다.

9) 기타 관련 경영자/관리자의 책임 분야에 리더십이 적용될 때, 그들의 리더십을 실증하도록 그 경영자 역할에 대한 지원을 하여야 한다.

2. 환경방침

2.1 환경방침의 개발

최고경영자는 다음과 같은 환경방침을 수립, 실행 및 유지하여야 한다.

1) 조직의 목적과 상황에 적절하고 조직의 전략적 방향을 지원 및 조직의 활동 제품 및 서비스의 특성, 규모 그리고 환경적 영향에 대해서도 포함되어야 한다.

2) 환경경영시스템 목표의 설정을 위한 틀을 제공하여야 한다.

3) 법적 요구사항 및 기타 요구사항의 충족에 대한 의지표명을 포함하여야 한다.

4) 오염예방 및 기타 조직의 상황과 관련된 다른 구체적인 의지를 포함한 환경 보호에 대한 의지를 포함하여야 한다.

5) 준수의무를 이행할 것이라는 의지를 포함하여야 한다.

2.2 환경방침에 대한 의사소통

환경방침은 다음과 같아야 한다.

1) 문서화된 정보로 이용 가능하고 유지됨

2) 조직 내에서 의사소통되고 이해되며 적용됨

3) 해당되는 경우, 관련된 이해관계자에게 이용 가능함

4) 관련되고 적절하여야 한다.

3. 조직의 역할, 책임 및 권한

최고경영자는 환경경영시스템과 관련한 역할에 대한 책임과 권한을 조직 내 모든 계층에 부여하고 의사소통을 하며 문서화된 정보로 유지함을 보장하여야 한다. 최고경영자는 다음 사항에 대하여 책임 및 권한을 부여하여야 한다.

1) 환경경영시스템이 이 표준의 요구사항에 적합함을 보장하여야 한다.

2) 프로세스가 의도된 출력을 도출하고 있음을 보장하여야 한다.

3) 환경경영시스템의 성과와 개선 기회(10.1 참조)를, 특히 최고경영자에게 보고하여야 한다.

[관련문서]

1. EQP-0501 리더십 절차서

2. EQP-0502 방침 관리 절차서

3. EQP-0503 책임과 권한 절차서

1. 리스크와 기회를 다루는 조치

1.1 일반사항

1) 환경경영시스템을 기획할 때, 조직은 4.1의 이슈와 4.2의 요구사항을 고려하여야 하며 다음 사항을 위하여 다루어야 할 필요성이 있는 리스크 및 기회를 정하여야 한다.

    (1) 환경경영시스템이 의도된 결과를 달성할 수 있음을 보증

    (2) 바람직한 영향의 증진

    (3) 바람직하지 않은 영향의 예방 또는 감소

    (4) 지속적 개선의 달성

    (5) 환경 측면

    (6) 준수의무

1.2 리스크 다루는 방법은 아래를 참조할 수 있다.

1) 리스크 회피

2) 기회를 잡기 위한 리스크 감수

3) 리스크 요인 제거

4) 발생 가능성 또는 결과의 변경

5) 리스크 공유

6) 정보에 근거한 의사결정에 의한 리스크 유지

1.3 기회는 아래 방안으로 이어질 수 있다.

1) 새로운 실행방안의 채택

2) 신제품 출시

3) 새로운 시장 개척

4) 신규 고객 창출

5) 파트너십 구축

6) 신기술 활용

7) 조직 또는 고객의 니즈를 다루기 위한 그 밖의 바람직하고 실행 가능한 방안

1.4 환경 측면

환경경영시스템 적용 범위 내에서, 조직은 전 과정의 관점(life cycle perspective)을 고려 (considering) 하여 관리할 수 있는 활동, 제품 및 서비스의 환경 측면과 연관된 환경적 영향 그리고 영향을 미칠 수 있는 것들을 결정하여야 한다. 환경 측면을 파악/식별(identify) 할 때, 조직은 다음을 고려(take into account) 해야 한다.

1) 계획된 혹은 새로운 개발들을 포함한 변경 그리고 새로운 혹은 수정된 활동, 제품 그리고 서비스

2) 비정상적인 조건 그리고 합리적으로 예상할 수 있는 비상상황 조직은 수립된 기준을 활용함으로써 중대한 환경 측면과 같은 중대한 환경적 영향을 미치거나 미칠 수 있는 측면들을 결정하여야 한다. 해당되는 경우(as appropriate), 조직은 다양한 계층과 기능에서 중요한 환경 측면에 대하여 의사소통해야 한다. 조직은 다음의 정보들을 문서화된 정보로 유지(maintain)하고 있어야 한다.

(1) 환경 측면과 연관된 환경적 영향

(2) 중대한 환경 측면을 결정하기 위해 사용된 기준

(3) 중대한 환경 측면

1.5 준수의무

1) 조직의 환경 측면과 연관된 준수의무를 결정하고 접근하여야 한다.

2) 이러한 준수의무를 어떻게 조직에 적용할 것인지 결정

3) 조직의 환경경영시스템을 수립, 이행, 유지 그리고 지속적으로 개선할 때 준수의무를 고려

4) 위험요인 및 환경경영시스템에 적용할 수 있는 최신 법적 요구사항 및 기타 요구사항의 결정과 이용

5) 이러한 법적 요구사항 및 기타 요구사항이 어떻게 조직에 적용되고 무엇이 의사소통될 필요가 있는지 결정

6) 환경경영시스템을 수립, 실행, 유지 및 지속적으로 개선할 때 이러한 법적 요구사항 및 기타 요구사항을 반영

7) 조직은 조직의 준수의무에 관한 문서화된 정보를 유지(maintain) 및 보유하여야 하고 모든 변경을 반영하기 위해 갱신됨을 보장하여야 한다.

1.6 조치기획

조직은 다음을 기획하여야 한다.

1) 다음 사항에 대한 조치

(1) 중대한 환경 측면

(2) 법적 요구사항 및 기타요구사항

(3) 6.1.1에서 파악/식별(identify)된 리스크와 기회

(4) 비상 상황에 대한 대비 및 대응

2) 어떻게 기획하여야 하는지 검토하여야 한다.

(1) 다른 경영프로세스에 통합하고 실행하여야 한다.

(2) 이러한 조치(9.1 참조)의 효과성을 평가하여야 한다.

2. 환경경영시스템 목표와 목표 달성 기획

2.1 조직은 환경경영시스템에 필요한 관련 기능, 계층 및 프로세스 및 중대한 환경 측면 및 연관된 준수의무 그리고 조직의 리스크와 기회를 고려하여 관련된 기능 및 계층에서 환경경영시스템 목표는 다음과 같이 수립하고, 문서화된 정보를 유지하여야 한다.

1) 환경방침과 일관성이 있어야 한다.

2) 측정 가능하거나(실행 가능한 경우) 성과 평가가 가능하여야 함

3) 모니터링 되어야 한다.

4) 의사소통되어야 한다.

5) 필요에 따라 갱신되어야 한다.

2.2 환경 목표를 달성하는 방법을 기획할 때, 조직은 다음 사항을 정하여야 한다.

1) 달성 대상

2) 필요 자원

3) 책임자

4) 완료 시기

5) 결과 평가 방법

[관련문서]

1. EQP-0601. 리스크 및 기회 관리 절차서

2. EQP-0602. 환경 측면 파악 및 영향평가 절차서

3. EQP-0603. 준수의무 절차서

4. EQP-0604. 목표 관리 절차서

1. 자원

조직은 환경경영시스템의 수립, 실행, 유지 및 지속적 개선에 필요한 자원을 정하고 제공하여야 한다.

2. 역량/적격성

조직은 다음 사항을 실행하여야 한다.

1) 환경경영시스템의 성과 및 효과성에 영향을 미치는 업무 및 준수의무를 충족시키는 능력 그리고 환경 성과에 영향을 미치는 조직의 관리하에 수행하는 인원에 필요한 역량을 결정하여야 한다.

2) 이들 인원이 적절한 학력, 교육훈련 또는 경험에 근거한 역량이 있음을 보장하여야 한다.

3) 적용 가능한 경우, 필요한 역량을 얻기 위한 조치를 취하고, 취해진 조치의 효과성을 평가하여야 한다(교육훈련 제공, 멘토링이나 재배치 실시 또는 역량이 있는 인원의 고용이나 그러한 인원과의 계약 체결 등).

4) 역량의 증거로 적절한 문서화된 정보를 보유하여야 한다.

3. 인식

조직은 조직의 관리하에 업무를 수행하는 인원이 다음 사항을 인식하도록 보장하여야 한다.

1) 환경경영시스템 방침

2) 환경경영시스템 목표

3) 개선된 성과의 이점을 포함하여, 환경경영시스템의 효과성에 대한 자신의 기여

4) 환경경영시스템의 요구사항에 부적합한 경우의 영향 및 잠재적 결과

5) 중대한 환경 측면과 그들의 업무와 관련된 실제적 또는 잠재적 영향

6) 조직의 준수의무를 이행하지 않는 것을 포함하여 환경경영시스템의 요구사항에 적합하지 않을 경우 이것이 초래할 수 있는 결과

4. 의사소통

4.1 일반사항

조직은 의사소통의 니즈를 고려할 때 다양한 측면(예: 성별, 언어, 문화, 독해 능력, 장애)을 반영하여야 하고 의사소통 프로세스를 수립하는 과정에서 외부 이해관계자의 의견에 대한 고려를 보장하여야 한다.

조직은 다음 사항을 포함하여 환경경영시스템에 관련되는 내부 및 외부 의사소통을 결정하여야 한다.

　1) 의사소통 내용

　2) 의사소통 시기

　3) 의사소통 대상

　4) 의사소통 방법

　5) 의사소통 프로세스를 수립할 때, 다음 사항을 실행하여야 한다.

　　(1) 준수의무를 고려하여 실행한다.

　　(2) 의사소통되는 정보가 환경경영시스템 내에서 생성된 정보와 일치하고, 정보의 신뢰성이 있는지 보장한다.

　6) 의사소통 담당자는 조직의 환경경영시스템과 관련된 의사소통에 대응하여야 한다.

　7) 의사소통 담당자는 적용 가능할 경우 의사소통의 증거를 문서화된 정보로 보유해야 한다.

4.2 내부 의사소통

조직은 다음과 같이 내부 의사소통을 하여야 한다.

　1) 해당되는 경우 환경경영시스템의 변경을 포함하여 조직의 다양한 계층과 기능에서 환경경영시스템과 관련된 정보에 대해서 내부적인 의사소통

　2) 의사소통 프로세스가 조직의 통제하에 업무를 수행하고 있는 인원이 지속적 개선에 기여할 수 있도록 보장하여야 한다.

4.3 외부 의사소통

조직은 조직의 의사소통 프로세스에서 수립되고 준수의무에서 요구되는 바와 같이 환경경영시스템과 관련된 정보에 대해 외부 의사소통하여야 한다.

5. 문서화된 정보

5.1 일반사항

1) 조직의 경영시스템에는 다음 사항이 포함되어야 한다.
    (1) 이 표준에서 요구하는 문서화된 정보
    (2) 환경경영시스템의 효과성을 위하여 필요한 것으로, 조직이 결정한 문서화된 정보
2) 환경경영시스템을 위한 문서화된 정보의 정도는 다음과 같은 이유로 조직에 따라 다를 수 있다.
    (1) 조직의 규모 그리고 활동, 프로세스, 제품 및 서비스의 유형
    (2) 조직의 준수 의무의 충족을 실증할 필요성
    (3) 프로세스의 복잡성과 프로세스의 상호 작용
    (4) 인원의 역량

5.2 작성(creating) 및 갱신

문서화된 정보를 작성하거나 갱신할 경우, 조직은 다음 사항의 적절함을 보장해야 한다.

1) 식별 및 내용(description)(예: 제목, 날짜, 작성자 또는 문서번호)
2) 형식(예: 언어, 소프트웨어 버전, 그래픽) 및 매체(예: 종이, 전자 매체)
3) 적절성 및 충족성에 대한 검토 및 승인

5.3 문서화된 정보의 관리

   1) 환경경영시스템 및 이 표준에서 요구되는 문서화된 정보는, 다음 사항을 보장하기 위하여 관리되어야 한다.

     (1) 필요한 장소 및 필요한 시기에 사용 가능하고 사용하기에 적절함

     (2) 충분하게 보호됨(예: 기밀유지 실패, 부적절한 사용 또는 완전성 훼손으로부터)

   2) 문서화된 정보의 관리를 위하여, 다음 활동 중 적용되는 사항을 다루어야 한다.

     (1) 배포, 접근, 검색 및 사용

     (2) 가독성 보존을 포함하는 보관 및 보존

     (3) 변경 관리(예: 버전 관리)

     (4) 보유 및 폐기

   3) 환경경영시스템의 기획과 운영을 위하여 필요하다고, 조직이 정한 외부 출처의 문서화된 정보는 적절하게 식별되고 관리되어야 한다.

   4) 적합성의 증거로 보유 중인 문서화된 정보는, 의도하지 않은 수정으로부터 보호되어야 한다.

[관련문서]

1. EQP-0701. 자원관리 절차서

2. EQP-0702. 인적자원 절차서

3. EQP-0703. 의사소통 절차서

4. EQP-0704. 문서관리 절차서

1. 운용 기획 및 관리

1.1 일반사항

조직은 다음 사항을 통하여, 환경경영시스템의 요구사항을 충족하기 위해 필요한 그리고 6에 명시된 실행을 하기 위해 필요한 프로세스를 계획, 실행 및 유지하여야 한다.

    1) 프로세스에 대한 기준을 수립하여야 한다.

    2) 기준에 따라 프로세스의 관리를 실행하여야 한다.

    3) 계획된 변경을 관리하고 의도하지 않은 변경사항은 결과를 검토하고 필요에 따라 악영향을 완화하기 위한 조치를 취하여야 한다.

1.2 환경경영시스템은 전과정 관점(life cycle perspective)과 일관되게 조직은 다음을 수행하여야 한다.

    1) 해당되는 경우, 조직의 환경경영시스템은 전과정의 각 단계를 고려하여 제품과 서비스에 대하여 설계 및 개발프로세스에서 다루어지는 것을 보장하도록 관리체계를 수립하여야 한다.

    2) 해당되는 경우, 제품과 서비스의 조달을 위한 환경 요구사항들을 결정하여야 한다.

    3) 계약자를 포함하여 외부 제공자에게 관련된 조직의 환경 요구사항을 의사소통하여야 한다.

    4) 조직의 제품과 서비스의 운반이나 배달, 사용, 사용기간이 지난 제품의 처리 그리고 최종적 폐기와 관련된 잠재적인 환경적 영향에 대해서 정보를 제공할 필요성에 대해서 고려하여야 한다.

3. 비상사태 대비 및 대응

1) 조직은 비상사태에 6.1.1에서 파악한 잠재적인 비상상황에 대비하고 대응하는데 필요한 프로세스를 다음과 같이 수립, 실행 및 유지하여야 한다.

    (1) 비상상황으로부터 불리한 환경적 영향을 예방하거나 완화하기 위해서 조치를 계획함으로써 대응을 위한 준비를 하여야 한다.

(2) 실제적 비상상황에 대응하여야 한다.

(3) 비상상황과 잠재적 환경적 영향의 규모와 관련된 비상상황의 결과를 예방하거나 완화하기 위한 조치를 취하여야 한다.

(4) 실행 가능할 경우 계획된 대응조치를 주기적으로 시험하여야 한다.

(5) 특히, 비상상황의 발생이나 시험 이후에는 프로세스와 계획된 대응을 주기적으로 검토 및 개정하여야 한다.

(6) 해당되는 경우, 관리하에서 업무를 수행하는 인원을 포함하여 관련된 이해관계자에게 관련된 정보 및 훈련(비상상황의 준비 및 대응)을 제공하여야 한다.

(7) 응급조치 제공을 포함하여 비상 상황에 대응하는 계획 수립

(8) 대응 계획에 대한 교육 훈련 제공

(9) 모든 근로자에게 자신의 의무와 책임에 관한 정보를 의사소통 및 제공

(10) 계약자, 방문자, 비상 대응 서비스, 정부기관 및 적절하게 지역사회와 관련 정보를 의사소통

(11) 모든 관련 이해관계자의 니즈와 능력을 반영하고, 해당되는 경우 대응 계획 개발에 이해관계자의 참여를 보장

2) 조직은 프로세스가 계획된 대로 실행되었다는 것에 대한 확신을 가지기 위하여 필요한 정도까지 문서화된 정보를 유지(maintain)하여야 한다.

[관련문서]

1. EQP-0801. 운용 기획 관리 절차서

2. EQP-0802. 비상사태 대비 및 대응 절차서

1. 모니터링, 측정, 분석 및 평가

1.1 일반사항

1) 조직은 다음 사항을 결정하여야 한다.

(1) 모니터링 및 측정의 대상

(2) 유효한 결과를 보장하기 위하여, 필요한 모니터링, 측정, 분석 및 평가에 대한 방법

(3) 조직의 환경성과를 평가할 것에 대한 기준과 적절한 지표

(4) 모니터링 및 측정 수행 시기

(5) 모니터링 및 측정의 결과에 대한 분석 및 평가 시기

2) 해당되는 경우, 조직은 교정 또는 검증된 모니터링 장비 및 측정 장비가 사용 및 유지된다는 것을 보장하여야 한다.

3) 조직은 환경경영시스템의 성과 및 효과성을 평가하여야 한다.

4) 조직은 조직의 의사소통 프로세스에 확인된 대로 그리고 조직의 준수의무에 의하여 요구되는 대로 내·외부적으로 관련된 환경성과 정보를 의사소통하여야 한다.

5) 조직은 결과의 증거로, 적절한 문서화된 정보를 보유하여야 한다.

1.2 준수평가

1) 조직은 준수의무의 충족을 평가하기 위해 필요한 프로세스를 수립, 실행 그리고 유지한다.

2) 조직은 다음을 수행해야 한다.

(1) 준수평가에 대한 평가 빈도를 결정

(2) 준수평가를 하고 필요한 경우 조치를 취함

(3) 법적 요구사항 및 기타 요구사항의 준수 상태에 대한 지식과 이해 유지

3) 조직은 준수 평가 결과의 증거로서 문서화된 정보를 보유(retain)해야 한다.

2. 내부심사

2.1 조직은 환경경영시스템이 다음 사항에 대한 정보를 제공하기 위하여 계획된 주기로 내부심사를 수행하여야 한다.

 1) 다음 사항에 대한 적합성 여부

  (1) 환경경영시스템에 대한 조직 자체 요구사항

  (2) 본 표준의 요구사항

 2) 환경경영시스템이 효과적으로 실행되고 유지되는지 여부

2.2 조직은 다음 사항을 실행하여야 한다.

 1) 주기, 방법, 책임, 요구사항의 기획 및 보고를 포함하는, 심사프로그램의 계획, 수립, 실행 및 유지 그리고 심사프로그램에는 관련 프로세스의 중요성, 조직에 영향을 미치는 변경 그리고 이전 심사 결과가 고려되어야 한다.

 2) 심사 기준 및 개별 심사의 적용 범위에 대한 규정

 3) 심사 프로세스의 객관성 및 공평성을 보장하기 위한 심사원 선정 및 심사 수행

 4) 심사 결과가 관련 경영자에게 보고됨을 보장

 5) 과도한 지연 없이 적절한 시정 및 시정조치 실행

 6) 심사프로그램의 실행 및 심사 결과의 증거로 문서화된 정보의 보유

3. 경영검토/경영평가(management review)

3.1 일반사항

최고경영자는 조직의 전략적 방향에 대한 환경경영시스템의 지속적인 적절성, 충족성, 효과성 및 정렬성을 보장하기 위하여 계획된 주기로 조직의 환경경영시스템을 검토해야 한다.

3.2 경영검토 입력사항

　　1) 이전 경영검토에 따른 조치의 상태

　　2) 다음과 같은 변화

　　　　(1) 환경경영시스템과 관련된 외부 및 내부 이슈의 변경

　　　　(2) 이해관계자들의 니즈와 기대

　　　　(3) 법적 요구사항 및 기타 요구사항

　　　　(4) 리스크와 기회

　　3) 다음의 경향을 포함한 경영시스템의 성과 및 효과성에 대한 정보

　　　　(1) 고객만족 및 관련 이해관계자로 부터의 피드백

　　　　(2) 환경경영시스템 방침 및 목표의 달성 정도

　　　　(3) 부적합, 시정조치 및 지속적 개선

　　　　(5) 조직의 준수의무의 충족

　　　　(6) 모니터링 및 측정 결과

　　　　(7) 심사결과

　　　　(8) 법적 요구사항 빛 기타 요구사항에 대한 준수 평가 결과

　　4) 효과적인 경영시스템의 유지를 위한 자원의 충족성

　　5) 리스크와 기회를 다루기 위하여 취해진 조치의 효과성

　　6) 지속적 개선을 위한 기회

3.3 경영검토 출력사항

　　1) 경영검토의 출력사항에는 다음 사항과 관련된 결정과 조치가 포함되어야 한다.

　　　　(1) 지속적 개선 기회

　　　　(2) 환경경영시스템 변경에 대한 모든 필요성

　　　　(3) 자원의 필요성

　　　　(4) 환경경영시스템의 지속적인 적절성, 충족성 그리고 효과성에 대한 결론

    (5) 환경경영시스템 목표를 달성하지 못했을 때, 필요한 경우의 조치

    (6) 환경경영시스템과 기타 비즈니스 프로세스와 통합으로 개선할 기회

    (7) 조직의 전략적인 방향에 대한 영향

  2) 조직은 경영검토 결과의 증거로, 문서화된 정보를 보유하여야 한다.

[관련문서]

1. EQP-0901 모니터링, 측정, 분석 및 평가 절차서

1. EQP-0902 준수평가 절차서

2. EQP-0903 내부심사 절차서

3. EQP-0904 경영검토 절차서

1. 일반사항

조직은 개선의 기회를 결정하고 필요한 모든 조치를 실행하여야 한다.

2. 부적합 사항 및 시정조치

2.1 불만족에서 야기된 모든 것을 포함하여 부적합이 발생하였을 때, 조직은 다음 사항을 실행하여야 하며, 시정조치는 발생한 부적합의 영향이나 잠재적 영향에 적절하여야 한다.

　1) 부적합 사항에 대처하여야 하며, 해당되는 경우 다음 사항이 포함되어야 한다.

　　(1) 부적합 사항을 관리하고 시정하기 위한 조치를 취함

　　(2) 결과를 처리함

　2) 부적합이 재발하거나 다른 곳에서 발생하지 않게 하기 위해서, 부적합의 근본 원인을 제거하기 위한 조치의 필요성을 다음 사항에 의하여 평가하여야 한다.

　　(1) 부적합의 검토와 분석

　　(2) 부적합 원인의 결정

　　(3) 부적합이 존재하는지 또는 잠재적 발생 여부 결정

　3) 필요한 모든 조치의 결정 및 실행

　4) 시정조치를 포함한 모든 조치의 효과성을 검토하여야 한다.

　5) 필요한 경우 환경경영시스템을 변경하여야 한다.

2.2 조직은 다음 사항의 증거로 문서화된 정보를 보유하여야 한다.

　1) 부적합의 성질 및 취해진 모든 후속조치

　2) 효과성을 포함하여, 모든 조치와 시정조치의 결과

(주)이큐	환경경영 매뉴얼	문서번호	EQ-M-001
		제 정 일	20XX. XX. XX
		개 정 일	20XX. XX. XX
	10. 개선	개정번호	01
		PAGE	2 / 2

3. 지속적 개선

조직은 환경성과의 개선을 위해 환경경영시스템의 적절성, 충족성 및 효과성을 지속적으로 개선하여야 한다.

[관련문서]

1. EQP-1001. 개선 절차서

2. ISO 환경경영시스템 절차서

(주)이큐	절차서	문서번호	EQ-QEP-001
		제 정 일	20XX. XX. XX
		개 정 일	20XX. XX. XX
	표 지	개정번호	01
		PAGE	1 / 1

주식회사 이큐

구분	작성	검토			승인
날짜					
이름					
서명					

(주)이큐	절차서	문서번호	EQ-P-001
		제 정 일	20XX. XX. XX
		개 정 일	20XX. XX. XX
	목차 및 개정이력	개정번호	01
		PAGE	1 / 3

1. 목차

절차서	관련 양식
4. 조직상황	
EQP-0401 조직상황 및 이해관계자 관리 절차서	01. EQP-0401-01 내부, 외부 이슈 사항 파악표 02. EQP-0401-02 이해관계자 파악표
EQP-0402 적용 범위관리 절차서	
5. 리더십	
EQP-0501 리더십과 의지표명 관리 절차서	
EQP-0502 방침 관리 절차서	
EQP-0503 역할, 책임과 권한 관리 절차서	03. EQP-0503-01 업무분장표
6. 기획	
EQP-0601 리스크 및 기회 관리 절차서	04. EQP-0601-01 리스크 및 기회관리 조치계획서 05. EQP-0601-02 SWOT 분석
EQP-0602 환경측면 파악 및 환경 영향평가 절차서	06. EQP-0602-01 환경 측면 파악표 07. EQP-0602-02 환경영향 평가표 08. EQP-0602-03 부서별 환경영향 평가표 09. EQP-0602-04 환경영향 등록부
EQP-0603 준수의무 절차서	10. EQP-0603-01 환경법규 등록 관리대장 11. EQP-0603-02 환경법규 등록표
EQP-0604 목표 관리 절차서	12. EQP-0604-01 목표및세부목표추진계획/실적서 13. EQP-0604-02 세부목표 변경요청서

절차서	관련 양식
7. 지원	
EQP-0701 자원관리 절차서	14. EQP-0701-01 설비 관리대장 15. EQP-0701-02 설비 이력카드 16. EQP-0701-03 설비 점검표 17. EQP-0701-04 업무환경 점검표(현장용) 18. EQP-0701-05 업무환경 점검표(사무실용) 19. EQP-0701-06 계측장비 관리대장 20. EQP-0701-07 계측장비 이력카드
EQP-0702 인적자원관리 절차서	21. EQP-0702-01 교육/훈련 계획서 22. EQP-0702-02 교육결과 보고서 23. EQP-0702-03 개인별 교육/훈련 이력카드
EQP-0703 의사소통 절차서	24. EQP-0703-01 의사소통 등록대장 25. EQP-0703-02 회의록 26. EQP-0703-03 환경정보 보고서
EQP-0704 문서관리 절차서	27. EQP-0704-01 문서제 · 개정 심의서 28. EQP-0704-02 문서배포 관리대장 29. EQP-0704-03 문서파일 목록 30. EQP-0704-04 외부문서 관리대장 31. EQP-0704-05 디스켓/CD 관리대장
8. 운용	
EQP-0801 운용 기획 및 관리 절차서	32. EQP-0801-01 폐기물 관리대장 33. EQP-0801-02 유해자재 관리대장 34. EQP-0801-03 유해물질 자재목록
EQP-0802 비상사태 대비 및 대응 절차서	35. EQP-0802-01 비상사태 훈련계획서 36. EQP-0802-02 비상사태 훈련보고서 37. EQP-0802-03 비상연락망 체계표

절차서	관련 양식
9. 성과측정	
EQP-0901 모니터링, 측정, 분석 및 평가관리 절차서	38. EQP-0901-01 연간 성과지표 관리대장
EQP-0902 준수평가 절차서	39. EQP-0902-01 준수평가 계획 40. EQP-0902-02 준수평가 체크리스트
EQP-0903 내부심사 절차서	41. EQP-0903-01 연간 내부심사 계획서 42. EQP-0903-02 내부심사 실시 통보서 43. EQP-0903-03 내부심사 체크리스트 44. EQP-0903-04 내부심사 결과 보고서 45. EQP-0903-05 자격인증 평가표 46. EQP-0903-06 자격인증서 47. EQP-0903-07 자격인증 관리대장
EQP-0904 경영검토 절차서	48. EQP-0904-01 환경 경영검토 보고서
10. 개선	
EQP-1001 개선관리 절차서	49. EQP-1001-01 개선 추진 실적보고서 50. EQP-1001-02 시정조치 요구서 51. EQP-1001-03 시정조치 관리대장 52. EQP-1001-04 개선 추진계획

2. 개정 이력

개정 번호	개정 일자	개정 내용
00 01	20XX.XX.XX. 20XX.XX.XX.	제정 기존 시스템에서 ISO 14001:2015 도입에 따른 적합한 환경경영시스템으로의 전환

(주)이큐	절차서	문서번호	EQ-P-0401
		제정일	20XX. XX. XX
		개정일	20XX. XX. XX
	조직상황 및 이해관계자 관리	개정번호	01
		PAGE	1 / 3

1. 적용 범위

본 절차서는 환경경영시스템(이하 "경영시스템"이라 한다)의 (주)이큐(이하 "조직"이라 한다)의 조직상황과 조직의 목적 및 전략적 방향과 관련이 있는 내·외부 이슈, 이해관계자 요구사항에 대한 관리를 범위로 한다.

2. 목적

조직은 경영시스템 활동의 지속적인 개선을 위하여 조직상황에 대한 관리 및 내·외부 이슈와 이해관계자의 요구사항 파악을 목적으로 한다.

3. 용어와 정의

3.1 조직

조직의 목표 달성에 대한 책임, 권한 및 관계가 있는 자체의 기능을 가진 사람 또는 사람의 집단

3.2 조직상황

조직의 목표 달성과 개발에 대한 조직의 접근법에 영향을 줄 수 있는 내부 및 외부 이슈의 조합

3.3 이해관계자

의사결정 또는 활동에 영향을 줄 수 있거나, 영향을 받을 수 있거나 또는 그들 자신이 영향을 받는다는 인식을 할 수 있는 사람 또는 조직

3.4 준수의무

법적, 규제적 요구사항, 이해관계자의 요구사항, 조직이 정한 요구사항과 기타 이해관계자의 요구사항

(주)이큐	절차서	문서번호	EQ-P-0401
		제 정 일	20XX. XX. XX
		개 정 일	20XX. XX. XX
	조직상황 및 이해관계자 관리	개정번호	01
		PAGE	2 / 3

4. 책임과 권한

4.1 최고경영자

조직상황 및 이해관계자 관리

4.2 관리책임자

1) 조직의 내부 이슈와 외부 이슈를 취합하여 결정하고 관리

2) 고객과 관련된 이슈를 파악하고 각 부서에 전달

3) 경영시스템의 이해관계자 및 요구사항의 변경사항이 있을 시 즉시 경영자에게 보고

4) 계획된 주기로 각 부서에서 받은 내·외부 이슈들에 대하여 검토하고 경영자에게 보고하며, 사내 게시판에 관련 내용을 공지

5) 경영시스템의 이해관계자의 요구와 기대 중 준수의무에 해당되는 사항을 확인하고 중점관리

5. 조직상황 관리

5.1 조직상황 이해

1) 각 부서는 조직의 목적 및 전략적 방향, 조직의 능력에 영향을 주는 외부와 내부 이슈를 파악하여야 한다.

2) 각 부서는 환경 관련 내·외부 이슈에 대한 정보를 모니터링하고 관리책임자에 전달하여야 한다.

3) 관리책임자는 각 부서에서 접수된 외부·내부 이슈들에 대하여 집계 및 검토하고 경영자에게 보고하며, 사내 게시판에 관련 내용을 공지한다.

4) 조직에 의해 영향을 받거나 줄 수 있는 환경적인 조건들은 반드시 포함하여 외부·내부 이슈들을 결정하여야 한다.

5.2 이슈 지속관리

관리책임자는 분기별로 파악된 이슈들을 참조하여 검토하고 그 내용을 토대로 익년도 내·외부 이슈를 정하고 매년 12월에 경영자에게 보고한다.

6. 이해관계자의 니즈와 기대 이해

6.1 이해관계자 식별

   1) 고객 요구사항 그리고 적용되는 법적 및 규제적 요구사항을 충족시키는 제품 및 서비스를 지속적으로 공급하는 능력을 실증할 필요가 있고, 고객만족 증진을 추구하는 경우에 경영시스템에 관련되는 이해관계자를 정하고 이해관계자의 요구사항, 기대를 파악하여 관리하여야 한다.

   2) 이해관계자의 요구와 기대 중 준수의무에 해당되는 사항을 확인하고 중점 관리하여야 한다.

   3) 조직의 이해관계자 선정 시 환경경영시스템과 관련이 없는 이해관계자의 니즈와 기대는 관리할 필요가 없으나, 잠재적인 이해관계자의 관리를 위해서 신중하게 정해야 한다.

6.2 이해관계자 지속관리

   1) 이해관계자에 대한 변경사항을 분기별로 모니터링하고 검토한다.

   2) 이해관계자 및 요구사항의 변경사항이 있을 시 즉시 경영자에게 보고하여 조직의 능력에 미치는 영향을 업무에 반영하거나 부정적인 변경인 경우 최소화하여야 한다.

7. 기록 및 보관

NO	서식명	서식번호	보존연한	보관부서
1	내·외부 이슈 관리 파악표	EQP-0401-01		
2	이해관계자 파악표	EQP-0401-02		

(주)이큐	절차서	문서번호	EQ-P-0402
		제 정 일	20XX. XX. XX
		개 정 일	20XX. XX. XX
	적용 범위관리	개정번호	01
		PAGE	1 / 2

1. 적용 범위

본 절차서는 환경경영시스템(이하 "경영시스템"이라 한다)의 (주)이큐(이하 "조직"이라 한다)의 경영시스템의 적용 범위의 결정 및 관리를 범위로 한다.

2. 목적

본 절차서는 조직의 경영시스템의 경계 및 적용 가능성을 정하여 적용 범위를 결정하고 관리하는데 목적이 있다.

3. 용어와 정의

3.1 적용 범위
조직의 프로세스 경계

4. 책임과 권한

4.1 최고경영자
조직에 대한 모든 경영시스템의 최종 적용 범위를 결정

4.2 관리책임자
경영시스템에 적용할 적용 범위, 조직의 상황을 파악하여 최고경영자에게 보고

5. 적용 범위 결정

5.1 조직은 경영시스템의 적용 범위를 설정하기 위하여 경영시스템의 경계 및 적용 가능성을 정하여야 한다. 적용 범위를 정할 때 조직은 아래 사항을 고려하여야 한다.
   1) 조직상황에 대한 내·외부 이슈

2) 조직상황에 대한 이해관계자의 요구사항 및 잠재적 이해관계자의 요구사항

3) 경영시스템과 관련된 준수의무

4) 이 표준에서 정한 요구사항 및 법적, 제도적, 기타 이해관계자의 요구사항 등

5) 조직의 단위, 기능 및 물리적 경계

6) 계획되거나 수행된 작업 관련 활동의 반영

7) 조직의 제품 및 서비스의 형태를 기술

8) 문서화된 정보로 이용 가능하고 유지되어야 한다.

5.2 적용 범위 관리

1) "6. 적용 범위 및 조직의 제품 및 서비스"에 작성 관리하여야 한다.

2) 문서화된 정보로 유지(maintain)되어야 하며 이해관계자들에게도 이용 가능하여야 한다.

6. 적용 범위 및 조직의 제품 및 서비스

NO	항목	내용
1	제품	반도체, 디스플레이 등의 제조설비 및 부품
2	서비스	반도체, 디스플레이 등의 제조설비 및 부품 제공 및 설치
3	준수의무	고객 요구사항, 이해관계자 요구사항 및 법적 요구사항
4	이해관계자 요구사항	환경보전 등
5	규격 적용 범위	ISO 14001 : 2015
6	적용 제외사항	해당 없음

(주)이큐	절차서	문서번호	EQ-P-0501
		제 정 일	20XX. XX. XX
		개 정 일	20XX. XX. XX
	리더십과 의지표명	개정번호	01
		PAGE	1 / 2

1. 적용 범위

본 절차서는 환경경영시스템(이하 "경영시스템"이라 한다)의 (주)이큐(이하 "조직"이라 한다)의 경영시스템에 대한 리더십과 의지표명/실행의지에 대하여 적용한다.

2. 목적

경영시스템 활동의 지속적인 개선을 위하여 최고경영자가 실증해야 할 사항을 정하는데 목적이 있다.

3. 용어와 정의

3.1 경영시스템

방침과 목표를 수립하고 그 목표를 달성하기 위한 프로세스를 수립하기 위한 상호 관련되거나 상호 작용하는 조직 요소의 집합

3.2 경영시스템의 방침

환경에 관한 방침

3.3 경영시스템의 목표

환경에 관련된 전략적, 전술적 또는 운영적으로 달성되어야 할 결과로써, 환경 방침의 달성을 위해 설정, 적합할 필요가 있는 것을 말한다.

4. 책임과 권한

4.1 최고경영자

경영시스템에 대한 의지표명

(주)이큐	절차서	문서번호	EQ-P-0501
		제 정 일	20XX. XX. XX
		개 정 일	20XX. XX. XX
	리더십과 의지표명	개정번호	01
		PAGE	2 / 2

4.2 관리책임자

리더십과 의지표명/실행의지를 실증하기 위하여 내부심사 및 경영검토 실시

5. 리더십과 의지표명/실행의지

5.1 최고경영자는 경영시스템에 대한 리더십과 의지표명/실행의지를 다음 사항에 의하여 실증하여야 하며 이를 위해 계획된 주기(연1회 이상)로 내부심사 및 경영 검토를 실시해야 한다.

1) 경영시스템의 효과성과 개선 촉진에 대한 책임이 있다

2) 경영시스템의 방침 및 목표가 경영시스템을 위하여 수립되고, 조직상황과 전략적 방향에 조화됨을 보장하기 위하여 수립된 방침, 목표를 공포하여야 하며 전 종업원에게 인식 시켜야 한다.

3) 경영시스템 요구사항이 조직의 비즈니스 프로세스와 통합됨을 보장하여야 한다.

4) 프로세스 접근법 및 리스크 기반 사고의 활용 촉진할 책임이 있다.

5) 경영시스템에 필요한 자원의 가용성을 보장할 책임이 있다.

6) 효과적인 경영시스템의 중요성 그리고 요구사항과의 적합성에 대한 중요성을 의사 소통하기 위하여 정기적인 회의를 실시하며 관련 내용을 항상 사후 관리한다.

7) 경영시스템이 의도한 결과를 달성함을 보장할 책임이 있다.

8) 경영시스템의 효과성에 기여하기 위한 인원을 적극 참여시키고, 인원의 확보, 지휘하고 지원하기 위하여 해당 인원의 역량/적격성을 확인하고 인식의 증진을 위하여 관련 내용을 검토하고 각 부서에 책임과 권한을 부여한다.

9) 책임 분야에서 경영자의 리더십이 적용될 때 그들의 리더십을 실증하기 위하여 경영자 역할의 지원을 하여야 한다.

(주)이큐	절차서	문서번호	EQ-P-0502
		제정일	20XX. XX. XX
		개정일	20XX. XX. XX
	방침관리	개정번호	01
		PAGE	1 / 4

1. 적용 범위

본 절차서는 환경경영시스템(이하 "경영시스템"이라 한다)의 (주)이큐(이하 "조직"이라 한다)의 경영시스템 방침의 수립과 실행 및 유지 관리에 대해 적용한다.

2. 목적

최고경영자는 조직의 경영시스템이 규정된 적용 범위 내에서 경영시스템의 방침을 정하고 경영시스템 활동의 지속적인 개선을 달성하는데 그 목적이 있다.

3. 용어와 정의

3.1 경영시스템 방침
경영시스템에 관한 방침은 조직의 전반적인 방침과 일관성이 있어야 하고, 조직의 비전과 미션에 정렬될 수 있으며, 목표를 설정하기 위한 틀을 제공한다.

3.2 경영시스템 목표
경영시스템에 관련된 전략적, 전술적 또는 운영적으로 달성되어야 할 결과로써, 경영시스템 방침의 달성을 위해 설정, 적합할 필요가 있는 것을 말한다.

3.3 성과
정량적 또는 정석적 발견 사항과 측정 가능한 결과

3.4 준수의무
법적, 규제적 요구사항, 이해관계자의 요구사항, 조직이 정한 요구사항과 근로자 및 기타 이해관계자의 요구사항

4. 책임과 권한

4.1 최고경영자

경영시스템의 방침 수립, 실행 및 유지

4.2 관리책임자

최고경영자의 의도에 따라 경영시스템 방침의 초안을 수립하여 최고경영자에게 보고함

4.3 관리담당자

  1) 경영시스템방침 및 목표에 대한 세부목표관리 및 실적을 보고하는 업무
  2) 경영시스템에 관련된 방침, 목표 및 시스템의 중요성, 효과성을 전 근로자에게 인식
     시키는 업무
  3) 경영시스템 방침에 대한 내·외부 의사소통

5. 경영시스템방침 수립절차

5.1 경영시스템방침 수립

관리책임자는 최고경영자의 의도에 따라 경영시스템방침 초안을 수립하고 방침은 다음 사
항을 고려하여 수립하여야 한다.

  1) 조직의 목적과 상황에 적절하고 조직의 전략적 방향을 지원
  2) 경영시스템목표의 설정을 위한 틀을 제공
  3) 적용되는 요구사항 및 관련법규의 충족(준수의무)에 대한 의지표명을 포함
  4) 환경경영시스템 및 환경 성과를 강화하기 위한 지속적 개선에 대한 의지표명을 포함
  5) 조직의 활동 제품 및 서비스의 특성, 규모, 환경적 영향 포함
  6) 오염예방 및 환경 보호(수질, 공기, 생물의 다양성 보전 등)에 대한 의지를 포함

5.2 경영시스템방침 검토 및 승인

관리책임자는 위에 5.1항에 대한 충족 여부를 검토한 후 방침을 최고경영자에게 전달한다. 최고경영자는 관련 내용을 본인이 의도된 내용이 충족되었는지를 검토 후 승인한다.

5.3 경영시스템방침 관리

경영시스템방침은 효과성(계획 대비 실적), 적합성(요구사항 등), 충족성(요구사항 등), 적절성(조직의 상황)을 포함해야 하며, 문서화된 정보로 이용 가능하고 유지하여야 한다.

　1) 환경방침
　　(1) 법규준수
　　(2) 오염예방
　　(3) 환경 목표 및 세부목표 수립 및 실천
　　(4) 지속적 개선
　　(5) 환경 방침의 공개

6. 의사소통

6.1 내부 의사소통

관리담당자는 경영시스템방침은 모든 조직 구성원이 숙지할 수 있도록 제시하고 이를 이행하기 위하여 매뉴얼에 포함하고 게시판에 부착하며, 전 종업원에게 교육을 통하여 인식시키고 목표 수립에 반영하도록 한다.

6.2 외부 의사소통

관리담당자는 외부 이해관계자가 이용 가능하도록 게시한다.

(주)이큐	절차서	문서번호	EQ-P-0502
		제정일	20XX. XX. XX
		개정일	20XX. XX. XX
	방침관리	개정번호	01
		PAGE	4 / 4

7. 기록 및 관리

NO	서식명	서식번호	보존연한	보관부서
1	환경 매뉴얼	EQ-M-001		

(주)이큐	절차서	문서번호	EQ-P-0503
		제 정 일	20XX. XX. XX
		개 정 일	20XX. XX. XX
	역할, 책임과 권한	개정번호	01
		PAGE	1 / 4

1. 적용 범위

본 절차서는 환경경영시스템(이하 "경영시스템"이라 한다)의 (주)이큐(이하 "조직"이라 한다)의 경영시스템을 운영하기 위하여 관련된 역할에 대한 책임과 권한을 부여하는데 적용한다.

2. 목적

본 절차서는 조직의 역할에 대한 조직 구조 및 업무분장을 함으로써 조직적이고 효율적으로 운영함을 목적으로 한다.

3. 용어와 정의

3.1 조직

조직의 목표 달성에 대한 책임, 권한 및 관계가 있는 자체의 기능을 가진 사람 또는 사람의 집단

3.2 조직도

회사 내의 조직을 알 수 있도록 지시 계통선으로 연결한 그림

4. 책임과 권한

4.1 최고경영자

   1) 환경방침의 설정, 환경 목표 승인

   2) 환경경영시스템의 이행 및 유지에 대한 확인

   3) 환경경영시스템의 이행과 관리에 필요한 수단 및 적절한 자원의 제공

   4) 비상사태에 대한 총괄 지휘, 대책수립

   5) 경영자 검토의 수행 등

4.2 관리책임자

   1) 환경 목표 설정

   2) 경영검토 실시의 주관

   3) 환경 내부심사의 실시 주관

   4) 환경경영 매뉴얼의 검토

   5) 환경방침 및 목표의 작성

   6) 환경 성과 측정 및 평가

   7) 부적합 사항 시정 및 예방조치 주관

   8) 환경방침을 달성하기 위한 수단과 자원의 제공

   9) 각 관련 분야 법규 및 기타의 입수/검토 및 관리

   10) 환경 관련 내·외부 이해관계자와의 의사소통 주관 및 관련 정보 수집

   11) 각 부서의 환경 활동 추진계획에 따른 추진실적의 확인 검토

   12) 환경 각 분야 관련 대관청 업무의 주관

   13) 각 부서의 교육계획 수립 및 훈련 실시 확인

4.3 관리담당자

   1) 환경 관련 세부 추진계획의 수립/실적분석

   2) 유해물질의 파악 및 관리상태 점검

   3) 환경 관련 교육계획의 수립/실시

   4) 비상사태 대비 훈련계획의 수립/실시

   5) 각 부서의 환경경영 추진계획의 작성/관리 확인

4.4 각 부서장

1) 각 부서장 공통사항

(1) 해당 업무의 환경경영시스템 운영

(2) 비상상태 발생시 긴급조치

(3) 환경 측면 파악 및 영향평가 실시

(4) 부적합 사항에 대한 원인 조사와 시정 및 예방조치 실시

(5) 기타 통합 경영 유지상 필요한 사항

2) 영업부서장

(1) 납기 관리 및 납품에 관한 관리

(2) 제품의 인도 및 납품관리

(3) 고객 관련 프로세스 전반

(4) 견적서 작성 및 발행 업무

(5) 고객만족도 조사 및 고객 불만접수, 처리 업무

3) 경영지원부서장

(1) 자재수급에 관한 입무

(2) 구매 및 외주업체 평가, 선정, 관리에 관한 업무

(3) 자재관리에 관한 업무

(4) 경리 및 회계업무 전반

(5) 회사 운영 전반에 관한 업무

4) 기업부설연구소장

(1) 제품개발 관련 업무

(2) 도면관리

(3) 설계, 개발계획 수립, 조직적 기술적 연계성 검토업무

(4) 설계입력 및 출력, 검토, 검증 유효성 확인 업무

(주)이큐	절차서	문서번호	EQ-P-0503
		제 정 일	20XX. XX. XX
		개 정 일	20XX. XX. XX
	역할, 책임과 권한	개정번호	01
		PAGE	4 / 4

5. 기록 및 관리

NO	서식명	서식번호	보존연한	보관부서
1	업무분장표	EQP-0503-01		

(주)이큐	절차서	문서번호	EQ-P-0601
		제정일	20XX. XX. XX
		개정일	20XX. XX. XX
	리스크 및 기회관리	개정번호	01
		PAGE	1 / 4

1. 적용 범위

본 절차서는 환경경영시스템(이하 "경영시스템이"라 한다)의 (주)이큐(이하 "조직"이라 한다)의 리스크 및 기회를 정하는데 필요한 사항을 범위로 정한다.

2. 목적

본 절차서는 조직의 경영시스템의 조직 및 조직상황 이해와 이해관계자의 니즈와 기대 이해의 요구사항을 고려하여 리스크 및 기회를 정하는데 목적이 있다.

3. 용어와 정의

3.1 SWOT

Strength(강점), Weakness(약점), Opportunities(기회), Threats(위협)

4. 책임과 권한

4.1 최고경영자

프로세스 접근법 및 리스크 기반 사고의 활용 촉진과 기회관리

4.2 관리책임자

  1) 리스크 관리의 결과 자료에 대한 분석

  2) 리스크 및 기회를 다루는 조치에 대한 자료를 수집 및 필요조치를 하기 위한 종합 계획수립 및 실시 확인 및 보고

4.3 관리담당자

예측되는 리스크 결정 및 제거 방안 모색과 기회 요소를 결정하고, 계획 수립 후 주관부서에 통보

5. 리스크와 기회를 다루는 조치

5.1 리스크 기반 사고

1) 관리담당자는 조직의 리스크 기반 사고에 대한 결정을 하여야 한다. 리스크 기반 사고는 처음부터 프로세스 접근 전반에까지 고려되어야 한다.

2) 리스크 기반 사고는 조직의 각 부서에서 각 공정에 대하여 실시되어야 하며, 부정적인 부분만을 포함하고 있지 않으며, 긍정적인 부분을 포함한다.

5.2 리스크와 기회 결정

5.2.1 조직상황에 맞는 리스크와 기회를 식별

관리담당자는 조직 및 조직상황 이해와 이해관계자의 니즈와 기대 및 적용 범위 결정 시 언급한 요구사항을 고려하여야 하며, 다음 사항을 위하여 다루어야 할 필요성이 있는 리스크 및 기회를 정하여야 한다.

(1) 경영시스템이 의도된 결과를 달성할 수 있음을 보증

(2) 바람직한 영향의 증진

(3) 바람직하지 않은 영향의 예방 또는 감소

(4) 개선의 성취

(5) 환경 측면

(6) 준수의무

(7) 법적 요구사항 및 기타 요구사항

5.3 리스크 파악 단계

1) 요구사항 결정 단계

2) 설계단계

3) 생산단계

4) 제품 취급 및 포장단계

5) 제품 인도, 설치, 시운전 단계

6) 보정, 불만처리, 폐기 등 인도 후 활동 단계

5.4 리스크와 기회를 다루는 방법

  1) 리스크와 기회를 다루기 위한 조치를 위해서 받아들일 수 있는 것과 없는 것, 이익이 되는 것과 불이익이 되는 것을 분석해야 한다.

  2) 어떻게 리스크를 피하거나 제거할 수 있는지, 완화할 수 있는지 조치 계획을 세워야 한다.

  3) 계획을 실행한다.

  4) 관련 내용을 SWOT 분석에 기록하며 관련 내용은 최고경영자의 보고되어야 한다.

  5) 리스크와 기회를 다루기 위한 조치는 경영시스템의 프로세스에 통합하고 실행되어야 한다.

  6) 심사, 경험으로부터의 지식, 지속적 개선과 기회를 고려하며 경영검토를 통하여 조치의 효과성 평가를 실시하여야 한다.

  7) 리스크와 기회를 다루기 위하여 취해진 조치는, 제품 및 서비스의 적합성에 미치는 잠재적 영향에 상응하여야 한다.

  8) 리스크 다루는 방법은 아래 6가지를 참조할 수 있다.

    (1) 리스크 회피

    (2) 기회를 잡기 위한 리스크 감수

    (3) 리스크 요인 제거

    (4) 발생 가능성 또는 결과의 변경

    (5) 리스크 공유

    (6) 정보에 근거한 의사결정에 의한 리스크 유지

  9) 기회는 아래 방안으로 이어질 수 있다.

    (1) 새로운 실행방안의 채택

    (2) 신제품 출시

(3) 새로운 시장 개척

(4) 신규 고객 창출

(5) 파트너십 구축

(6) 신기술 활용

(7) 조직 또는 고객의 니즈를 다루기 위한 그 밖의 바람직하고 실행 가능한 방안

6. SWOT 분석

  6.1 SWOT 분석이란 SWOT를 이용하여 문제를 분석하는 것으로 관리책임자는 각 부서의 상황에 맞게 정기적으로 SWOT 분석을 실시하며, 결과를 경영자에게 보고하여야 한다.

  6.2 경영자에게 보고 후 관련 내용을 사내 게시판에 공지하여 전 직원과 관련 내용을 공유한다.

7. 기록

NO	서식명	서식번호	보존연한	보관부서
1	리스크 및 기회관리 조치 계획서	EQP-0601-01		
2	SWOT 분석	EQP-0601-02		

(주)이큐	절차서	문서번호	EQ-P-0602
		제 정 일	20XX. XX. XX
		개 정 일	20XX. XX. XX
	환경 측면 파악 및 환경영향평가	개정번호	01
		PAGE	1 / 4

1. 적용 범위

본 절차서는 (주)이큐(이하 "조직"이라 한다)의 모든 제품, 활동 및 서비스에서 발생되는 직
· 간접적인 환경영향 파악 및 평가 절차에 대해 적용한다.

2. 목적

본 절차서는 조직의 제품, 활동 및 서비스로 인해 환경에 중요한 영향을 미치고 있거나, 미
칠 가능성이 있는 환경 측면과 환경영향을 파악, 평가하여 지속적인 환경개선을 시행하는
데 그 목적이 있다.

3. 용어의 정의

3.1 환경 측면

환경과 상호작용을 하는 조직의 활동 및 서비스를 구성하는 요소

3.2 환경영향

조직의 활동 및 서비스가 전체적 또는 부분적으로 환경에 미치는 변화

3.3 환경영향 평가

조직의 활동 및 서비스에 대해 환경에 미치는 영향의 중요성을 평가하는 것

3.4 환경영향 등록부

과거, 현재 및 예상되는 미래의 조직의 활동, 서비스에서 발생되는 중요한 환경영향을 등
록시킨 것

3.5 정상 상태

현재의 활동이나 공정이 안정된 상태하의 환경영향

3.6 비정상 상태

활동이 정해진 기준을 벗어나되 통제가 가능하고 정상상태로의 회복이 가능한 상태의 환경영향(예: 장비 시운전시, 정전 등)

3.7 비상사태

예상하지 못한 상황으로 환경에 직접적인 영향을 미치며 통제가 불가능하고 회복이 불가능한 경우(예: 화재, 폭발 등)의 환경영향

4. 책임과 권한

4.1 최고경영자

환경영향 등록부 및 환경경영 투자계획을 승인할 책임과 권한

4.2 관리책임자

1) 환경 측면 파악 및 환경영향평가를 주관하고 평가결과 중대한 환경영향을 환경영향 등록부에 기재하여 지속적으로 개선, 관리

2) 환경영향평가 결과 환경 목표 및 세부목표 입안

3) 환경영향평가 결과 환경관리 투자계획 입안

4.3 각 부서장

1) 환경에 유해한 영향을 최소화하도록 업무 중 발생하는 환경 측면을 파악하여 환경영향평가를 실시하고 관리책임자에게 통보할 책임과 권한이 있다.

2) 공정추가, 변경 시 관리책임자에게 사전 환경영향평가를 의뢰할 책임이 있다.

5. 환경 측면 파악 및 영향평가 시기

5.1 관리책임자는 조직의 활동, 서비스에 대하여 2년마다 정기적으로 환경 측면 파악 및 영향평가를 실시한다.

5.2 비정기적 환경 측면 파악 및 영향평가 시기는 다음과 같다.

1) 법률 및 그 밖의 요건의 제·개정시

2) 건물의 증축 및 개축 시

3) 생산방법의 신규 개발 시

4) 설비의 변경 시

5) 이해관계자의 요구 시

6) 기타 필요하다고 판단 시

6. 업무절차

6.1 환경 측면 파악 절차

1) 환경과 상호작용하는 활동, 서비스에 대하여 대상 공정을 충분히 검토하여 환경 측면을 선정한다.

2) 환경 측면 파악은 "환경 측면 파악표"에 준하여 작성하여 관리책임자의 승인을 득한다.

3) 환경 측면 파악 결과 중대한 환경영향을 미치는 인자에 대해 환경영향평가가 이루어지도록 한다.

6.2 환경영향평가 절차

1) 각 부서장은 "환경 측면 파악표"에 의해 식별된 중요한 인자에 대하여 환경영향평가 배점표에 준하여 환경영향 평가서를 작성한다.

2) 관리책임자는 해당 부서에서 작성된 환경영향 평가서를 검토하여 중대한 환경영향을 환경영향 등록부에 등록하여 최고경영자의 승인을 득한다.

3) 관리책임자는 승인된 환경영향 평가서 및 환경영향 등록부의 사본을 관련부서에 배포한다.

4) 환경 측면 파악 및 영향평가에 따른 중대한 환경영향은 환경목표 및 세부목표 설정 시 자료로 활용되어야 한다.

7. 기록 및 관리

NO	서식명	서식번호	보존연한	보관부서
1	환경 측면 파악표	EQP-0602-01		
2	환경영향 평가서	EQP-0602-02		
3	부서별 환경영향 평가표	EQP-0602-03		
4	환경영향 등록부	EQP-0602-04		

(주)이큐	절차서	문서번호	EQ-P-0603
		제정일	20XX. XX. XX
		개정일	20XX. XX. XX
	준수의무	개정번호	01
		PAGE	1 / 3

1. 적용 범위

본 절차서는 환경경영시스템(이하 "경영시스템이"라 한다)의 (주)이큐(이하 "조직"이라 한다)의 환경과 관련된 준수의무, 경영시스템에 적용할 수 있는 최신 법규 및 그 밖의 요구사항을 이해관계자로부터 수집, 분석, 결정, 이용, 등록, 개정, 유지 관리 등의 관리절차에 적용한다.

2. 목적

본 절차서는 조직의 경영시스템과 관련된 준수의무 및 그 밖의 요건을 관리하여 당사의 경영시스템 활동에 적용함을 목적으로 한다.

3. 용어와 정의

3.1 환경법규

환경 관련하여 국가 또는 정부기관, 관련 단체에서 정한 법률, 협약, 조례 등을 말한다.
예) 환경정책기본법, 대기환경보전법, 폐기물관리법, 해양오염방지법

3.2 환경협약

국제적으로 환경영향의 오염 정도에 따라 환경보전을 목적으로 체결하는 국가 간의 약속
예) 몬트리올 의정서, 기후변화협약, 바젤협약

3.3 환경조례

지방자치단체에서 제정하고 적용되는 환경법규

3.4 준수의무

환경과 관련된 법적, 규제적 요구사항, 이해관계자의 요구사항, 조직이 정한 요구사항, 지자체의 환경 관련 조례 및 요구사항

4. 책임과 권한

4.1 관리책임자

    1) 준수의무의 최신본 입수 및 등록유지

    2) 준수의무의 당사 적용여부 결정 및 관련 부서에 통보

    3) 업무에 적용되는 환경법규의 식별 및 최신본 유지

    4) 최신 환경법규에서 요구되는 사항에 대한 대응계획 수립

5. 준수의무 관리절차

5.1 준수의무는 다음의 사항을 위하여 입수, 적용, 결정, 배포 및 관리되어야 한다.

    1) 경영시스템에 적용할 수 있는 최신 준수의무의 결정과 이용

    2) 이러한 준수의무사항이 어떻게 조직에 적용되고 무엇이 의사소통될 필요가 있는지의 결정

    3) 경영시스템을 수립, 실행, 유지 및 지속적 개선할 때 이러한 준수의무의 반영

5.2 준수의무의 입수

    1) 각 부서장은 조직의 환경 측면과 연관된 준수의무를 결정하고 파악해야 한다. 업무수행에 요구되는 환경법규를 다양한 채널을 활용하여 파악한다. 준수의무 결정시 환경영향평가 결과를 참고하여 결정해야 한다.

    2) 파악하여야 할 법규 및 기타 요구사항은 다음과 같다.

        (1) 환경 관련된 법규 및 기타 요구사항

        (2) 지자체의 환경 관련 조례 및 요구사항

    3) 준수의무는 다음 기관 및 단체를 통하여 입수한다.

        (1) 환경부

        (2) 총무처

(3) 각 시 · 도청
(4) 자원 재생 생산
(5) 환경보존협회
(6) 환경관리인협회
(7) 기타 환경관련 조직
(8) 법제처(국가법령정보센터)

5.3 준수의무의 적용여부 결정 및 배포
　1) 관리책임자는 입수한 준수의무가 당 사업장에 적용되는 경우 관련부서에 배포한다. 관련 준수의무가 개정될 때마다 최신본을 관리하여야 한다.
　2) 검토 결과 적용되는 준수의무는 등록 후 배포하여야 하며, 부서 배포가 번거로운 경우 온라인에서 상시 확인이 가능하도록 담당자를 지정 후 정기적으로 확인 방법을 교육하도록 한다.
　3) 환경경영시스템의 관련 규정 또는 표준에 적용하고 필요시 제 · 개정을 실시한다.

6. 준수의무의 정기 점검

관리책임자는 등록된 준수의무가 최신 상태임을 보증할 수 있도록 연2회 점검하고 그 결과를 최고경영자에게 보고한다.

7. 기록

NO	서식명	서식번호	보존연한	보관부서
1	환경법규 등록대장	EQP-0603-01		
2	환경법규 등록표	EQP-0603-02		

(주)이큐	절차서	문서번호	EQ-P-0604
		제 정 일	20XX. XX. XX
		개 정 일	20XX. XX. XX
	목표관리	개정번호	01
		PAGE	1 / 5

1. 적용 범위

본 절차서는 환경경영시스템(이하 "경영시스템"이라 한다)의 (주)이큐(이하 "조직"라 한다)의 경영시스템의 목표의 수립과 유지, 변경의 기획 관리에 대해 적용한다.

2. 목적

경영시스템 활동의 지속적인 개선을 위하여 경영시스템 목표를 수립하고 이행하여 경영시스템 방침을 효과적으로 달성하는데 그 목적이 있다.

3. 용어와 정의

3.1 경영시스템 목표

경영시스템 방침에 근거하여 조직이 달성하고자 스스로 설정한 전반적인 목표로서 구체적이고 수치화되어야 한다.

3.2 세부목표

조직의 전체 또는 일부에 적용 가능한 구체적인 성과 요건으로 측정 가능한 것을 말하며 경영시스템 목표의 달성을 위해 설정, 적합할 필요가 있는 것을 말한다.

3.3 경영시스템성과

조직의 경영시스템 방침, 경영시스템 목표, 세부목표를 근거로 한 조직의 경영시스템 측면 관리와 관련된 측정 가능한 결과를 말한다.

3.4 경영시스템 추진계획

조직의 경영시스템 목표와 세부목표를 달성하기 위한 추진방법을 말한다.

4. 책임과 권한

4.1 최고경영자

경영시스템목표 및 세부목표와 경영시스템경영 추진계획의 전반적인 책임과 권한

4.2 관리책임자

1) 경영시스템방침 및 목표에 대한 세부목표관리 및 실적을 경영자에게 보고하는 업무
2) 승인된 경영시스템 목표를 관련 부서에 배포할 책임

4.3 각 부서장

경영시스템목표에 따른 세부목표 및 경영시스템경영 추진계획을 이행할 책임과 권한

5. 경영시스템목표, 세부목표 및 경영시스템경영 추진계획 수립절차

5.1 경영시스템목표 수립

관리책임자는 경영시스템방침, 환경 측면 및 연관된 준수의무, 조직의 리스크와 기회를 고려하여 필요한 관련 기능, 계층 및 프로세스에서 경영시스템 목표를 매년 수립한다. 목표는 다음과 같아야 한다.

    1) 경영시스템 방침과 일관성이 있어야 함
    2) 측정 및 평가가 가능하여야 한다.
    3) 적용되는 요구사항이 고려되어야 한다.
    4) 모니터링 및 의사소통되어야 한다.
    5) 리스크와 기회의 평가 결과가 반영되어야 한다.
    6) 해당되는 경우 최신본으로 갱신되어야 함

		문서번호	EQ-P-0604
(주)이큐	**절차서**	제정일	20XX. XX. XX
		개정일	20XX. XX. XX
	목표관리	개정번호	01
		PAGE	3 / 5

5.2 세부목표 수립

관리책임자는 각 부서장과 협의하여, 경영시스템목표와 다음 사항을 고려한 경영시스템 세부목표를 수립하고 관련 기능과 계층에서 KPI를 설정 관리하여야 한다.

    1) 세부목표는 경영시스템방침과 목표에 일관성이 있도록 하며 측정 가능하여야 하고 오염방지에 대한 의지가 포함되어야 한다.

    2) 경영시스템관련 법적 규제적 요구사항

    3) 환경 측면 파악 및 영향평가 결과

    4) 이해관계자의 요구사항

    5) 기술적, 재정적, 운용적 측면 고려

    6) 전년도 경영시스템관련 실적

    7) 시정 및 예방조치 사항

5.3 경영시스템목표 달성 기획

관리책임자는 수립된 세부목표를 달성하기 위하여 기획할 때, 각 부서장과 협의하여 다음 사항을 고려한 경영시스템 추진계획을 수립하여야 하며, 조직의 경영시스템 목표를 달성 하기 위한 조치들이 조직의 경영 프로세스에 어떻게 통합될 수 있도록 할 것인가를 고려하 여야 한다.

    1) 달성 대상

    2) 필요 자원

    3) 책임자

    4) 완료 시기

    5) 달성에 대한 모니터링의 지표를 포함하여 결과 평가 방법

5.4 세부목표 및 경영시스템경영 추진계획의 검토 및 승인

관리책임자는 작성한 "목표 및 세부목표 추진계획/실적서" 경영자에게 보고하여 승인을 득한다. 승인 후 계획에 준하여 목표를 추진하도록 한다.

6. 실적보고 및 검토

1) 관리책임자는 세부목표 추진계획서를 작성해야 하며 이행실적을 매년마다 "목표 및 세부목표 추진계획/실적서" 기록하여 그 내용을 경영자에게 보고한다.

2) 관리책임자는 세부목표 결과 보고서의 계획대비 실적을 검토하여 경영시스템방침의 이행성에 대한 경영검토가 이루어질 수 있도록 한다.

7. 의사소통

7.1 내부 의사소통

1) 경영시스템목표는 모든 조직 구성원이 숙지할 수 있도록 제시하고 이를 이행하기 위한 경영시스템목표는 해당 부문 부서의 업무에 반영이 되도록 한다.

2) 환경에 관련된 중요한 문제는 최고경영자에게 보고하여 결정하며 그 처리결과를 보고한다.

3) 환경성과, 통계자료, 중요 환경활동의 내용, 법률 등을 업무회의를 통해 관련부문에 제공하고 이에 대한 의견 및 개선사항을 수렴하여 기존 및 신입사원들에 대해 교육을 통해 환경업무 수행에 이해도를 높인다.

7.2 외부 의사소통

외부 이해관계자의 요구 시 경영시스템목표, 환경성과 및 활동사항을 공개한다.

(주)이큐	절차서	문서번호	EQ-P-0604
		제 정 일	20XX. XX. XX
		개 정 일	20XX. XX. XX
	목표관리	개정번호	01
		PAGE	5 / 5

8. 기록

NO	서식명	서식번호	보존연한	보관부서
1	목표 및 세부 추진계획/실적서	EQP-0604-01		
2	세부 목표 변경 요청서	EQP-0604-02		

(주)이큐	절차서	문서번호	EQ-P-0701
		제정일	20XX. XX. XX
		개정일	20XX. XX. XX
	자원관리	개정번호	01
		PAGE	1 / 4

1. 적용 범위

본 절차서는 환경경영시스템(이하 "경영시스템"이라 한다)의 (주)이큐(이하 "조직"이라 한다)의 자재, 설비, 기반구조, 프로세스 운용 환경 관리 방법 및 절차에 대해 규정한다.

2. 목적

본 절차서는 경영시스템의 수립, 실행, 유지, 지속적 개선을 위하여 필요한 자원을 결정하고 제공함을 목적으로 한다.

3. 용어와 정의

3.1 기반구조

조직의 운영에 필요한 시설, 장비 및 서비스의 시스템

3.2 프로세스

의도된 결과를 만들어 내기 위해 입력을 사용하여 상호 관련되거나 상호 작용하는 활동의 집합

3.3 교정(CALIBRATION)

국가교정기관 관리 규정에 의거 한국표준과학연구원의 국가원기 및 표준기와 소급성이 유지된 표준계량 시험기로서 교정대상 설비를 검증, 조정하는 것

4. 책임과 권한

4.1 각 부서장

   1) 자원의 취급 보관상태 점검 결과 확인

   2) 설비에 대한 점검 및 설비관리

(주)이큐	절차서	문서번호	EQ-P-0701
		제정일	20XX. XX. XX
		개정일	20XX. XX. XX
	자원관리	개정번호	01
		PAGE	2 / 4

4.2 관리담당자

검사설비에 대한 교정 신청 및 설비의 정밀 정확도 관리

5. 관리 절차

기존 내부자원의 능력과 제약사항 및 외부공급자로부터 획득할 필요가 있는 것을 결정해
야 한다.

    1) 공정도를 작성하여 외부 공급자에게 맡길 공정을 관리한다.

    2) 외부에서 제공되는 프로세스는 조직에서 정한 기준을 따르도록 평가, 관리한다.

6. 기반구조

6.1 프로세스 운용 및 제품, 서비스의 적합성 달성에 필요한 기반구조를 결정, 제공
    및 유지하여야 한다.

    6.1.1 환경설비 및 검사설비 관리

        1) 신규설비의 구입이 필요한 경우 신청서를 관련 부서에 의뢰하며 최고경영자의 승
        인을 받은 후 승인된 사양에 따라 구매한다. 모니터링 자원과 측정 자원은 아래 사
        항을 충족하여야 한다.

        (1) 수행되는 특정 유형의 모니터링과 측정 활동에 적절함

        (2) 자원의 목적에 지속적으로 적합함을 보장하도록 유지됨

        (3) 자원의 목적에 적합하다는 증거로 문서화된 정보를 보유하여야 한다.

        2) 관리대장 등록

        (1) 각 부서장은 설비 구입이 완료되면 "설비 관리대장"에 등록한다.

        (2) 관리담당자는 검사설비 구입이 완료되면 "계측장비 관리대장"에 등록한다.

        3) 이력카드 작성

        (1) 각 부서장은 설비 관리대장에 등록된 설비에 대해 "설비 이력카드"를 작성한다.

(2) 관리담당자는 계측장비 관리대장에 등록된 설비에 대해 "계측장비 이력카드"를 작성한다.

4) 다음과 같은 식별표를 해당 설비에 부착하여야 한다. EQ-0000(EQ - 영문, 0000 - 일련번호 4자리)

장 비 명		
관리번호		
관리자	정	
	부	
(주)이큐		

5) 설비의 점검

(1) 점검대상은 설비 관리대장에 등록된 설비에 대해 점검함을 원칙으로 한다.

(2) 항목별 일일 점검, 주 점검, 월 점검으로 구분하며 "설비 점검표"에 따라 점검을 실시한다.

(3) 점검자는 점검기준에 의거 점검을 하고 "설비 점검표"에 점검 결과를 기록하여야 하여야 한다. 점검 결과 설비의 성능 및 가동 상 중대한 문제 발생 시 각 부서장에게 보고하여야 하며 점검 결과 미비한 이상 또는 즉시 수리가 가능한 경우 담당자에게 통보하여 즉시 수리하도록 한다. 검사설비의 경우 교정기준에 벗어난 경우 앞서 실시한 검사 및 시험 결과에 대한 유효성을 평가하여야 한다.

(4) 각 부서장은 설비 사용 중 또는 점검 결과 중대한 이상이 발견되면 수리 또는 외부 검·교정을 결정하여 최고경영자에게 보고한 후 처리한다.

(5) 설비 수리가 불가능하거나 폐기를 시켜야 할 경우 각 부서장은 최고경영자의 승인을 받고 설비를 폐기하며, 관련 내용을 "설비 관리대장"에 기록한다.

(주)이큐	절차서	문서번호	EQ-P-0701
		제정일	20XX. XX. XX
		개정일	20XX. XX. XX
	자원관리	개정번호	01
		PAGE	4 / 4

7. 기록

NO	서식명	서식번호	보존연한	보관부서
1	설비 관리대장	EQP-0701-01		
2	설비 이력카드	EQP-0701-02		
3	설비 점검표	EQP-0701-03		
4	업무환경 점검표(현장용)	EQP-0701-04		
5	업무환경 점검표(사무실용)	EQP-0701-05		
6	계측장비 관리대장	EQP-0701-06		
7	계측장비 이력카드	EQP-0701-07		

(주)이큐	절차서	문서번호	EQ-P-0702
		제정일	20XX. XX. XX
		개정일	20XX. XX. XX
	인적자원관리	개정번호	01
		PAGE	1/5

1. 적용 범위

본 절차서는 환경경영시스템(이하 "경영시스템"이라 한다)의 (주)이큐(이하 "조직"이라 한다)의 모든 직원을 대상으로 실시하는 경영시스템 관련 교육훈련 및 역량, 인식에 대한 방법 및 절차에 대하여 규정한다.

2. 목적

본 절차서는 경영시스템의 효과적인 실행 그리고 프로세스의 운용과 관리에 필요한 인원을 정하고 인원에 필요한 역량을 결정하여 인식함을 목적으로 한다.

3. 용어와 정의

3.1 경영시스템 관련 교육

경영시스템 유지를 위한 교육 및 경영시스템 관련 직무 교육

3.2 O. J. T(On the Job Training)

실무지식을 습득하기 위한 직장 내에서 실시되는 모든 교육/훈련

4. 책임과 권한

4.1 관리책임자

   1) 교육훈련계획서를 작성 최고경영자의 승인을 득한 후 교육훈련 업무를 수행한다.

   2) 필요시 외부강사를 초빙해서 운영할 수 있다.

   3) 교육목적을 달성하기 위하여 필요시 적절한 교재를 편집하여 교육훈련을 실시한다.

4.2 관리담당자

환경 담당자 등 자격이 요구되는 인원 및 관리직 사원에 한하여 개인별 교육훈련 이력카드를 작성 비치한다.

4.3 각 부서장

인적자원이 필요한 역량, 적격성에 필요한 기준설정, 자격부여, 교육훈련을 계획하고, 실시하며, 효과성 평가 및 기록유지

5. 역량/적격성 관리

각 부서장은 다음 사항을 실행하여야 한다.

1) 경영시스템의 성과 및 준수의무를 충족시키는 능력, 효과성 및 성과에 영향을 미치는 업무를 수행하는 인원에 필요한 역량 및 적격성을 결정

2) 이들 인원과 근로자가 적절한 학력, 교육훈련 또는 경험에 근거하여 역량(위험 요인을 파악할 수 있는 능력 포함)이 있음을 보장

3) 적용 가능한 경우, 필요한 역량을 얻기 위한 조치를 취하고, 취해진 조치의 효과성을 평가

4) 환경 측면과 환경경영시스템과 관련된 교육의 필요성을 결정

5) 역량의 증거로 적절한 문서화된 정보를 보유

6. 사내자격 인증요건

다음 조건을 충족하는 자에게 자격을 부여하는 것으로 한다. 인증의 유효기간은 1년으로 하며 유효기간의 만기 전 반드시 본 절차서에 의거하여 재인증이 부여되어야 한다. 인증된 자는 "자격인증 관리대장"에 기록하여 현황을 관리하여야 한다.

6.1 내부심사원

"내부 심사절차서"에 따른 자격 인정요건을 충족한자를 최고경영자가 선임한다.

6.2 환경 담당자

당사 경력 3년 이상이고, 관리자 중에서 최고경영자가 선임한다.

7. 사외자격 인증요건

자격 조건을 충족하는 자에게 증거 확인 후 자격을 부여하는 것으로 한다. 인증의 유효기간은 자격사항을 따르며, 유효기간의 만기 전 반드시 자격 조건에 의거하여 재인증이 부여되어야 한다. 인증된 자는 "자격인증 관리대장"에 기록하여 현황을 관리하여야 한다.

8. 인식

8.1 경영시스템 관련 인식

조직의 관리하에 업무를 수행하는 인원이 다음 사항을 인식하도록 보장하여야 한다.

   1) 경영시스템 방침

   2) 관련된 경영시스템의 목표

   3) 중대한 환경 측면과 그들의 업무와 관련된 실제적 또는 잠재적 영향

   4) 개선된 성과의 이점을 포함하여, 경영시스템의 효과성에 대한 자신의 기여

   5) 환경경영시스템의 요구사항에 부적합한 경우의 영향

   6) 조직의 준수의무를 이행하지 않는 것을 포함하여 환경경영시스템의 요구사항에 적합하지 않을 경우 이것이 초래할 수 있는 결과

8.2 사내교육

   1) 신입사원이 입사할 경우 관리책임자는 환경에 관련된 교육을 실시하여야 하며 "교육결과 보고서"를 작성하여야 한다.

   2) 각 부서장은 경영시스템 관련 직무를 수행하고 있는 인원의 업무 수행 능력을 향상시키기 위해 다음에 열거된 내용을 기준으로 "교육훈련 계획서"를 작성하여 최고경영자의 승인을 득하여야 한다.

      (1) 부서별 업무내용 등 직무수행에 필요한 기본지식이 변경되어 신규 교육을 실시할 필요가 있을 경우

(2) 지식, 전문기능 또는 실무, 경영시스템 절차서, 표준 등이 변경 또는 새롭게 발행되어 교육을 실시할 필요가 있는 경우

(3) 업무 수행 중 부족하다고 판단되는 내용이 있는 경우

3) 교육대상자를 근무 장소 외에 집합시켜 실시하는 것을 원칙으로 하며, 필요시 현장에서 실시할 수 있다. 교육 자료는 반드시 보유한다.

4) 교육수료자는 교육 후 "교육 결과 보고서"를 작성하여 해당 부서장의 승인을 득하여야 한다.

8.3 사외교육

1) 관리책임자는 익년도 연간 사외교육 계획을 수립하기 위해 매년 12월 중으로 각 부서에 교육대상자 및 인원, 교육명 등의 자료를 접수받아 계획을 수립하며 대표이사의 승인을 득한 후 시행하여야 한다. 승인된 교육계획서는 해당 부서장에게 통보되어야 한다.

2) 교육이수 후 "교육 결과 보고서"를 작성하고 각 부서장에게 제출하여 대표이사의 승인을 득하여야 하며 필요시 관련 직원에게 전달교육을 실시하여야 한다. 교육 결과 보고 시 접수 받은 수료증 또는 합격증을 첨부하여 보고함을 원칙으로 한다.

9. 교육의 평가

9.1 교육에 따른 평가는 다음의 방법에 따라 실시할 수 있다.

1) 실기시험 또는 필기시험 또는 구두시험 또는 교육 결과 보고서 검토

2) 단, 사외교육은 수료증 또는 성적증명서로 대치할 수 있다.

9.2 교육평가를 통해 교육이수 불능자에 대해서는 재교육을 원칙으로 한다.

10. 기록

NO	서식명	서식번호	보존연한	보관부서
1	교육훈련 계획서	EQP-0702-01		
2	교육 결과 보고서	EQP-0702-02		
3	개인별 교육훈련 이력카드	EQP-0702-03		

	절차서	문서번호	EQ-P-0703
(주)이큐		제정일	20XX. XX. XX
		개정일	20XX. XX. XX
	의사소통	개정번호	01
		PAGE	1 / 4

1. 적용 범위

본 절차서는 환경경영시스템(이하 "경영시스템"이라 한다)의 (주)이큐(이하 "조직"이라 한다)의 경영시스템에 관련되는 내·외부 의사소통에 대하여 적용한다.

2. 목적

본 절차서는 경영시스템의 관한 내·외부 의사소통에 필요한 프로세스를 수립하고 실행 및 유지하는데 목적이 있다.

3. 용어와 정의

3.1 의사소통
조직의 구성원들 간의 생각이나 감정 등을 교환하는 총체적인 행위

4. 책임과 권한

4.1 최고경영자
   1) 사내·외 이해관계자로부터 수집된 경영시스템 관련 정보의 확인 및 대책을 승인할 총괄 책임과 권한이 있다.
   2) 외부 이해관계자에게 발송될 환경 관련 정보의 승인

4.2 관리책임자
   1) 경영시스템 관련 정보의 원활한 전파를 위한 방안을 수립, 실시하고 관련 정보의 해당 부서 통보와 사외 불만 정보를 최고경영자에게 보고할 책임과 권한
   2) 경영시스템방침, 목표 및 성과를 전파하고 관리를 주관
   3) 환경관련 정보 수집 및 해당 부서 통보
   4) 해당 정보처리 결과 확인

5) 사내·외 이해관계자에게 회신

6) 경영시스템 관련 정보 기록유지 및 관리

4.3 각 부서장

1) 이해관계자의 니즈와 기대에 대한 해당 환경 측면에 대해 검토하고 해결할 책임

2) 조직과 관련된 정보를 입수하고 관리책임자에게 통보할 책임

5. 업무 절차

5.1 경영시스템에 관련되는 내부 및 외부 의사소통 과정을 기획할 때, 다음을 포함하여야 하며 다양한 측면(성별, 언어, 문화, 독해능력, 장애 등)을 반영하여야 한다.

1) 의사소통 내용

2) 의사소통 시기

3) 의사소통 상대는 다음을 고려하여야 한다.

   (1) 조직 내부의 다양한 계층과 기능

   (2) 계약자와 작업장 방문자

   (3) 기타 이해관계자

4) 의사소통 방법

5) 의사소통 담당자

5.2 경영시스템에 관련되는 내부 및 외부 의사소통을 기획할 때 다음 사항을 실행하여야 한다.

1) 준수의무사항 반영

2) 의사소통 하는 경영시스템의 정보가 경영시스템 내에서 작성된 정보와 일치하며, 신뢰할 수 있음을 보장

	절차서	문서번호	EQ-P-0703
(주)이큐		제 정 일	20XX. XX. XX
		개 정 일	20XX. XX. XX
	의사소통	개정번호	01
		PAGE	3 / 4

5.3 내부 의사소통

1) 경영시스템 방침은 모든 조직 구성원이 숙지할 수 있도록 사내 게시판에 게시한다. 이를 이행하기 위한 목표는 각 부서의 업무에 반영이 되도록 한다.

2) 각 부서장은 방침 및 목표에 따른 책임 업무를 파악하고 업무수행 시에 반영한다.

3) 중요한 문제는 최고경영자에게 보고 후 결정하며 그 처리결과를 보고한다.

4) 성과, 통계자료, 중요 환경활동의 내용, 법률 등을 업무회의를 통해 관련 부서에 제공하고 이에 대한 의견 및 개선사항을 수렴하여 기존 및 신입사원들에 대해 교육을 통해 환경업무 수행에 이해도를 높인다.

5) 경영시스템의 변경을 포함하여 조직의 다양한 계층과 기능에서 경영시스템과 관련된 정보에 대해서 내부적인 의사소통을 위해 사내게시판과 이메일을 통하여 전달한다.

5.4 외부 의사소통

1) 외부 이해관계자의 요구 시에는 조직의 환경방침 및 활동사항을 외부 이해 관계자에게 공개한다.

2) 외부 이해관계자의 요구사항은 관련부서에서 접수, 등록, 대책수립, 회신처리를 주관하며 의사소통 검토서에 기록, 유지 관리한다.

3) 사내에서 발생한 심각한 환경 측면에 대한 상황을 외부 이해관계자에게 통보하여 대비 및 대응할 수 있도록 한다.

4) 준수의무와 관련된 경영시스템과 관련된 정보에 대해 외부 이해관계자에게 통보하도록 하며, 분기마다 준수의무와 관련된 정보를 확인한다.

5) 접수된 이해관계자의 요구사항은 의사소통 등록대장 등록하여 관리한다.

6. 기록

NO	서식명	서식번호	보존연한	보관부서
1	의사소통 등록대장	EQP-0703-01		
2	회의록	EQP-0703-02		
3	환경정보 보고서	EQP-0703-03		

(주)이큐	절차서	문서번호	EQ-P-0704
		제정일	20XX. XX. XX
		개정일	20XX. XX. XX
	문서관리	개정번호	01
		PAGE	1 / 6

1. 적용 범위

본 절차서는 환경경영시스템(이하 "경영시스템"이라 한다)의 (주)이큐(이하 "조직"이라 한다)의 경영시스템에 관련된 문서화 관리에 대한 책임과 권한, 방법 및 절차에 대하여 규정한다.

2. 목적

본 절차서는 경영시스템에 영향을 주는 업무를 기술한 문서가 올바르게 작성되고 최신 문서(관리본)가 사용됨으로써 업무가 효율적으로 이루어지며 경영을 위한 업무의 체계에 대해 정하고 이를 실시함으로써 관리 표준화 및 경영시스템 정착을 유도하는데 그 목적이 있다.

3. 용어의 정의

3.1 일반문서
업무수행자들에게 해당 절차서의 준수를 요구하게 하기 위한 일반 행정문서(공문, 내부결재, 협조 전, 팩스, 이메일 등)

3.2 표준서
회사의 표준 서식에 의해 작성된 매뉴얼, 지침(기준서), 표준작업 절차서 및 그에 의해 파생된 문서[매뉴얼, 지침(기준)서, 표준작업 절차서, 규정 등]

3.3 자료
경영시스템 활동의 효과적인 수행을 위해 해당 문서에 인용할 목적으로 외부에서 입수한 각종 규격 및 기술 자료 등

(주)이큐	절차서	문서번호	EQ-P-0704
		제정일	20XX. XX. XX
		개정일	20XX. XX. XX
	문서관리	개정번호	01
		PAGE	2 / 6

4. 책임과 권한

4.1 최고경영자

매뉴얼과 절차서를 승인한다.

4.2 관리책임자

표준서의 관리와 배포의 책임이 있다.

4.3 각 부서장

소속 부서의 업무와 관련된 모든 문서 및 자료 등을 관리하고 소속 인원에게 교육할 책임이 있다.

5. 업무 처리 절차

5.1 표준서의 관리

  1) 표준서의 제정 · 개정 · 폐지

    (1) 관리책임자는 표준서의 제 · 개정 · 폐지 사유가 발생하면 원안을 작성하여 표준서 겉표지와 함께 모든 부서장에게 회람을 시켜 검토를 의뢰한다.

    (2) 표준서의 작성 · 검토 및 승인 체계는 [표1]과 같다.

문서	원안 작성	검토	승인	등록
매뉴얼	경영지원부서, 환경관리부서	관리책임자	최고경영자	경영지원부서
절차서, 규정	경영지원부서, 환경관리부서	관리책임자	최고경영자	경영지원부서
지침, 기준, 작업표준	각 부서	-	각 부서장	각 부서

[표 1] 작성 · 검토 및 승인 체계

  2) 표준서의 관리책임자는 표준서가 승인되면 문서 등록 · 배포 대장에 등록 유지한다.

3) 표준문서의 문서번호 부여 방법

(1) 매뉴얼 문서번호

- 일련번호 4자리
- 경영 매뉴얼의 영문 약호
- (주)이큐 영문 약호

(2) 절차서 문서번호

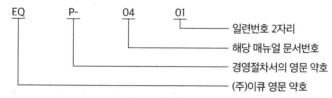

- 일련번호 2자리
- 해당 매뉴얼 문서번호
- 경영절차서의 영문 약호
- (주)이큐 영문 약호

(3) 지침, 기준, 작업표준 문서번호

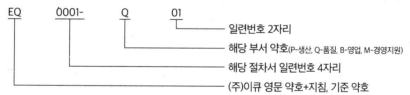

- 일련번호 2자리
- 해당 부서 약호(P-생산, Q-품질, B-영업, M-경영지원)
- 해당 절차서 일련번호 4자리
- (주)이큐 영문 약호+지침, 기준 약호

(4) 서식 문서번호

1) 절차서 서식 문서번호

- 양식 일련번호 2자리
- 해당 절차서 일련번호
- 절차서 약자

2) 지침, 기준, 작업표준 서식 문서번호

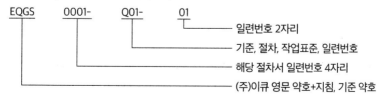

- 일련번호 2자리
- 기준, 절차, 작업표준, 일련번호
- 해당 절차서 일련번호 4자리
- (주)이큐 영문 약호+지침, 기준 약호

4) 표준서의 배포

    (1) 관리책임자는 제정 및 개정된 표준서의 등록 후 해당 표준서를 관련 부서에 신속히 관리본으로 배포하여야 한다.

    (2) 표준서의 배포는 모든 부서단위를 기준으로 실시하되, 배포 시 인접 부서일 경우 관리책임자는 조정하여 배포할 수 있다.

    (3) 관리책임자는 표준서를 배포할 경우에는 해당 문서에 관리번호를 명기하여 배포하고 배포 받은 부서에서 최신본 상태를 식별할 수 있도록 하여야 한다.

5.2 일반 공문의 발송 및 접수

1) 각 부서는 외부에서 팩스, E-Mail 등 업무와 직접적 연관된 공문이 접수되면 "외부문서 관리대장"에 기록한 후 해당 부서에게 전달하여야 한다. 공문 접수를 해당 부서에서 직접 하는 경우 동일하게 관리대장을 운영하고 공문을 외부에 발송하는 방법도 공문접수 절차와 동일하게 운영하여 "외부문서 관리대장"에 기록해야 한다.

2) 발송 및 접수의 식별

    (1) 대외 발송 문서는 FAX를 이용할 경우 표지를 사용하여 총 매수로 나타내 수신자의 확인을 용이하게 한다.

    (2) 문서의 발송 및 접수 시 접수 및 발송 일자와 번호를 부여하고 그 내용을 "외부문서 관리대장"에 기록하여 관리하여야 한다.

5.3 기안 및 회의록 관리 절차

각 부서는 기안 및 회의를 임의적으로 수행할 수 있으며 기안의 경우 사본을 관리부로 통보하여야 하나 "회의록"의 경우 자체부서에서 보관한다.

5.4 외부 출처의 문서화된 정보

각 부서는 관리가 필요하다고 판단되는 외부 출처의 문서화된 정보에 대하여 등록 관리하고 년1회 이상 실질 조사 및 확인하여 최신본을 유지한다.

(주)이큐	절차서	문서번호	EQ-P-0704
		제정일	20XX. XX. XX
		개정일	20XX. XX. XX
	문서관리	개정번호	01
		PAGE	5 / 6

5.5 일반사항

1) 경영시스템을 위한 문서화된 정보의 정도는 조직의 규모, 활동, 프로세스의 복잡성, 제품 및 서비스의 유형, 인원의 역량에 맞게 구성해야 한다.

2) 문서화된 정보의 관리를 위하여, 다음 활동 중 적용되는 사항을 다루어야 한다.

   (1) 배포, 접근, 검색 및 사용

   (2) 가독성 보존을 포함하는 보관 및 보존

   (3) 변경 관리(예: 버전 관리)

   (4) 보유 및 폐기

3) 적합성의 증거로 보유 중인 문서화된 정보는, 의도하지 않은 수정으로부터 보호되어야 한다.

4) 문서화된 정보는 기밀유지에 대한 내용을 규정하여 관리하여야 하며, 부적절한 사용 또는 훼손으로부터 보호되어야 한다.

5) 필요한 장소 및 필요한 시기에 사용 가능하고 사용하기에 적절함

6. 문서의 개정관리

6.1 모든 문서의 개정 방법이 관련 절차에 명시된 경우를 제외하고는 본 절차에 따라 시행하며, 승인된 문서의 변경은 최초의 문서를 작성, 검토, 승인한 부서, 인원에 의해 작성 시와 동일한 절차에 따라 검토, 승인되어야 한다.

6.2 편집상의 오류, 철자오기, 페이지나 번호 변경 등 사소한 변경의 경우에는 처음 작성 시와 동일한 절차를 따를 필요가 없으며, 새로운 개정번호를 부여하지 않을 수 있다.

6.3 철자오기, 페이지 번호 변경 등 경미한 수정을 할 경우에는 수정할 부분에 두 줄을 긋고 수정자의 서명을 하되 수정액 등을 사용하여 수정할 수 없다.

(주)이큐	절차서	문서번호	EQ-P-0704
		제 정 일	20XX. XX. XX
		개 정 일	20XX. XX. XX
	문서관리	개정번호	01
		PAGE	6 / 6

6.4 문서, 도면, 계산서, 보고서등의 개정 시 표지에 개정번호, 개정목적/사유, 개정 일자 및 작성, 검토, 승인 등이 초기 발행부터 연속적으로 개정 이력사항에 표시 관리한다.

7. 기록

NO	서식명	서식번호	보존연한	보관부서
1	문서 제 · 개정 심의서	EQP-0704-01		
2	문서배포 관리대장	EQP-0704-02		
3	문서 목록표	EQP-0704-03		
4	외부문서 관리대장	EQP-0704-04		
5	디스켓/CD 관리대장	EQP-0704-05		

(주)이큐	절차서	문서번호	EQ-P-0801
		제 정 일	20XX. XX. XX
		개 정 일	20XX. XX. XX
	운용기획 및 관리	개정번호	01
		PAGE	1 / 9

1. 적용 범위

본 절차서는 환경경영시스템(이하 "경영시스템"이라 한다)의 (주)이큐(이하 "조직"이라 한다)에서 주요 환경영향과 환경방침, 환경목표 및 세부목표에 관련이 있는 기능, 활동, 절차 등을 파악하고 관리기준에 따라 이들을 운영하는데 적용한다.

2. 목적

본 절차서는 주요 위험요인의 관리에 필요한 일상 운영의 관리 절차를 마련하고 규정된 조건하에서 이를 운영함으로써 환경방침 및 목표를 달성하는 것을 그 목적으로 한다.

3. 용어와 정의

3.1 MSDS(Material Safety Data Sheet)
물질안전보건 자료

3.2 대기 오염물질
대기 오염의 원인이 되는 가스, 입자상, 물질 또는 악취물로써 환경부령으로 정하는 것

3.3 폐수
폐수라 함은 물에 액체성 또는 고체성의 수질 오염물질이 혼입되어 사용할 수 없는 물

3.4 소음
기계, 기구, 시설 기타 물체의 사용으로 인하여 발생하는 강한 소리

3.5 진동
기계, 기구, 시설 기타 물체의 사용으로 인하여 발생하는 강한 흔들림

3.6 폐기물

쓰레기 · 연소재 · 오니 · 폐유 · 폐산 · 폐알칼리 · 동물의 사체 등으로 사람의 생활이나 사업 활동에 필요하지 않게 된 물질

3.7 생활 폐기물

사업장 폐기물 외의 폐기물을 말한다.

3.8 사업장 폐기물

대기환경보전법, 수질환경보전법, 소음 · 진동관리법의 규정에 의하여 배출 시설을 설치, 운영하는 사업장에서 발생되는 폐기물

3.9 지정 폐기물

사업장 폐기물 중 폐유, 폐산 등 주변 환경을 오염시킬 수 있는 유해한 물질

4. 책임과 권한

4.1 관리책임자

1) 일상 운영에 대한 사항을 총괄 관리
2) 당사업장 화학물질 관리자 선임 및 임명
3) 화학물질 저장, 보관시설 설치 승인

4.2 각 부서장

1) 환경에 영향을 미치거나 미칠 수 있는 직무, 활동 및 공정을 파악하여 작업자가 절차서에 따라 업무를 수행하도록 유지, 관리
2) 발생되는 폐기물에 대한 관리 시스템을 확립하고 이행 및 준수여부를 내부 환경감시 등을 통하여 정기적으로 검토

(주)이큐	절차서	문서번호	EQ-P-0801
		제정일	20XX. XX. XX
		개정일	20XX. XX. XX
	운용기획 및 관리	개정번호	01
		PAGE	3 / 9

3) 잠재적인 환경영향을 파악하고 비상사태 대비 및 대응체제를 수립, 운영

4) 환경을 적정하게 관리 보존하기 위하여 환경방침 및 목표의 수립, 시행과 환경오염 방지에 노력하고 지속적인 관리와 개선

5) 필요 시 소음·진동, 폐기물 등에 대한 환경관리 절차를 수립, 운영

6) 경영시스템의 운영을 위한 절차를 수립, 운영

7) 화학물질의 취급, 보관, 저장시설 등의 인허가 주관

8) 화학물질의 종류, 사용량, 사용처, 보관, 저장장소 등의 파악 및 관리

9) 화학물질 관련 부적합 사항에 대한 시정 및 예방조치 촉구

10) 화학물질 취급, 관리에 관한 사항 점검

11) 화학물질 관리대장 작성 및 보관

5. 환경 운용관리

5.1 대기 환경관리

조직은 환경에 영향을 미치는 대기오염 물질을 효율적으로 관리하여야 한다.

1) 조직의 시설물은 대기환경보전법 시행규칙 제5조 관련 [별표3] 대기오염물질 배출시설 기준에 포함되지 않음

2) 법률기준에 포함되지 않은 설비라도 환경 측면 파악 및 영향 평가 결과에 따라 감시 및 측정 등을 통하여 관리 개선한다.

5.2 수질 환경관리

조직의 자연환경과 생활환경을 청결히 하고 수질오염을 최소화하도록 관리하여야 한다.

5.3 소음·진동 관리

조직은 소음·진동으로 인한 피해를 방지하고 이를 적정하게 관리 운영함으로써 환경오염 및 근무환경을 개선하도록 관리하여야 한다.

1) 조직의 소음·진동 배출시설은 소음·진동관리법 시행규칙 [별표1] 소음·진동 배출 시설에 포함되지 않음

2) 법률기준에 포함되지 않은 설비라도 환경 측면 파악 및 영향 평가 결과에 따라 감시 및 측정 등을 통하여 관리 개선한다.

5.4 폐기물 관리

1) 조직은 폐기물을 적정하게 수집, 분리, 보관, 처리를 통하여 폐기되는 자원을 재활용 하고 재사용하여 환경오염을 최소화하도록 관리하여야 한다.

(1) 해당 부서는 발생한 폐기물을 종류별로 구분 수거하여 보관, 관리하여야 한다.

(2) 해당 부서장은 폐기물 발생량을 관리하여야 한다.

(3) 관리책임자는 폐기물의 보관, 관리 상태를 감시/측정 CHECK-SHEET에 따라 점검, 확인하고 부적합 사항 발생시 시정조치를 요구한다.

(4) 관리책임자는 시정조치 요구에 대한 이행결과를 통보하여야 한다.

2) 폐기물의 수거

(1) 폐기물 중 생활폐기물은 분리수거하여야 한다.

① 각종 병류

② 각종 캔류

③ 종이류, 신문

④ 금속편류

⑤ 비닐, 스티로폼류

⑥ 일반 쓰레기(음식물 쓰레기, 잡쓰레기, 기타)

(2) 생활폐기물은 재활용 가능 품목과 불가능 품목을 선별하여 수거함에 보관하여야 하며 지정폐기물은 지정폐기물 보관 장소에 보관한다.

3) 폐기물의 처리

(1) 폐기물 보관창고에 보관된 폐기물은 생활폐기물과 지정폐기물로 구분하여 처리하 여야 한다.

(2) 폐기물 보관창고 주변을 항상 청결히 유지하며 누수로 인한 2차 환경오염을 방지하여야 한다.

(3) 지정폐기물 보관 장소로 지정된 장소에는 지정폐기물 보관식별표를 부착하여 모든 사람이 알아볼 수 있도록 하여야 한다.

(4) 재활용 가능 폐기물은 매각 또는 무상처리하며 재활용이 불가능한 것은 위탁처리하여야 한다.

(5) 생활폐기물은 외부 이해관계자가 지정한 배출일에 배출하여 처리될 수 있도록 한다.

(6) 지정폐기물은 해당 부서장이 제조회사 또는 구입처로 반송 조치한다.

(7) 폐기물처리와 관련하여서는 "<첨부1> 폐기물 처리 절차도"를 참고한다.

4) 이상발생 시 조치 폐기물 보관 장소에 이상 발생시 문제점을 검토하고 그에 따른 대책을 수립 즉시 시정 조치하여야 한다.

5.5 유해 화학물질 관리

1) 사용계획 및 구매신청

관리담당자는 해당 부서로부터 월간 환경 유해 화학물질의 대한 사용 계획을 통보 받는다.

2) 입고관리

(1) 입고된 화학물질은 지정된 보관 장소로 이송한다.

(2) 신청한 화학물질의 종류, 청구량, 성분 등을 확인하고 "화학물질 관리대장"에 기록 후 화학물질 보관장소에 보관한다.

3) 보관관리

(1) 화학물질 보관장소는 유해물질관리법에 의거 시설 및 장비기준에 적합해야 한다.

(2) 화학물질 보관시 충격, 화기, 혼합보관이 되지 않도록 해야 한다.

(3) 화학물질의 지정 보관소/종류별로 식별표시를 하여야 한다.

(4) 화학물질의 보관 및 사용하는 곳은 "<첨부2> 환경안전수칙"을 부착하여 해당사원에게 교육을 시켜야 한다.

(5) 화학물질의 사용 시 발생할 수 있는 비상사태를 대비하여 비상연락 체계도를 수립하고 담당자를 선정하여 관리하게 함으로서 환경영향을 최소화시켜야 한다.

(6) 보관용기는 항상 뚜껑을 닫아 보관하고 필요시 보관 장소는 시건장치를 하여야 한다.

(7) 화학물질 보관장소에 대해서 화학물질 누유, 누출, 5S, 화기 위험이 있는지 정기적으로 환경안전 점검을 하여야 한다.

4) 비상시 부적합 시정조치 요령

(1) 비상시 조치요령

① 화학물질이 누유, 누출 시 조치

· 바닥에 흘러내릴 경우 : 흡착포(면포, 헝겊)로 닦는다.

· 용기가 샐 경우 : 새로운 용기에 옮겨 담는다.

· 용기가 넘어졌을 경우 : 용기가 넘어지지 않도록 조치하고 넘친 것을 담고 닦는다.

② 각 부서장은 화학물질이 유출되어 오염이 확산될 우려가 있을 경우에 비상 응급조치를 실시 및 관리책임자에게 연락을 하여야 한다.

(2) 부적합 시정조치요령

환경에 영향을 미치는 부적합 사항 발생시에는 관리 절차 등의 문제점을 검토하고 그에 따른 대책을 수립 즉시 시정조치하여야 한다.

5) 경영시스템 교육·훈련 관리부서장은 교육훈련 절차서에 따라 화학물질 취급자 및 관련 작업자에게 필요한 교육을 실시하고 교육일지를 작성, 유지 관리한다. 또한, 교육 내용은 다음과 같다.

① 화학물질의 취급 및 방제요령

② 사고발생에 대비한 응급조치 훈련실시

6) 화학물질 취급 및 관리요령

화학물질 안전수칙은 〈첨부2〉와 같다.

6. MSDS 관리

6.1 사용물질 파악

   1) 사용하는 물질 중 MSDS 확보 대상을 파악한다.

   2) 신규 구매할 화학물질이 발생 경우 MSDS 확보 대상 여부를 파악한다.

6.2 해당 부서는 공급업체로부터 MSDS를 입수하여 해당 현장 담당자에게 제공한다.

6.3 MSDS 검토

MSDS의 내용을 검토하여 적절한 경우 등록을 하며 적절하지 못할 경우 재 입수 요구 또는 보완하여 재 작성하여 등록할 수 있다.

6.4 MSDS 등록

관리담당자는 입수된 MSDS를 MSDS 목록에 등록하고 사용 팀 및 취급/보관부서으로 배포한다.

6.5 MSDS 교육

각 부서장은 화학물질 사용, 취급 및 보관 부서의 소속부서원에게 MSDS를 교육하여야 한다.

6.6 MSDS 배포

   1) 대상 화학물질이 사용되는 장소에 해당 MSDS가 배포되도록 하여야 한다.

   2) 화학물질 취급 장소에 근로자가 잘 볼 수 있도록 경고표지를 설치한다.

(주)이큐	절차서		문서번호	EQ-P-0801
			제 정 일	20XX. XX. XX
			개 정 일	20XX. XX. XX
	운용기획 및 관리		개정번호	01
			PAGE	8 / 9

7. 기록

NO	서식명	서식번호	보존연한	보관부서
1	폐기물 관리대장	EQP-0801-01		
2	유해자재 관리대장	EQP-0801-02		
3	유해물질 자재목록	EQP-0801-03		
4	전과정 관점의 환경 공정도 관리도	(자체양식)		
5				

<첨부 1> 폐기물 처리 절차도

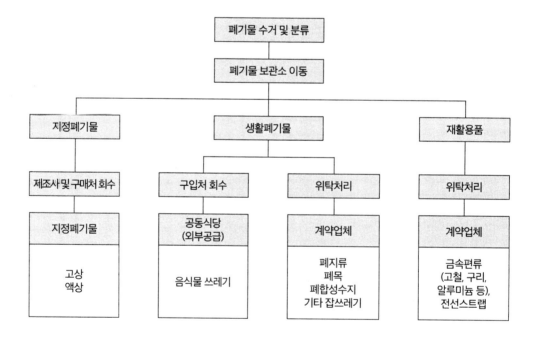

(주)이큐	절차서	문서번호	EQ-P-0801
		제정일	20XX. XX. XX
		개정일	20XX. XX. XX
	운용기획 및 관리	개정번호	01
		PAGE	9 / 9

<첨부 2> 화학물질 안전수칙

1. 화학물질 취급자는 화학물질의 독성, 물성, 취급 시 주의사항을 숙지한다.

2. 사내 비상연락망을 숙지하여 유출사고 발생 시 신속히 신고한다.

3. 취급자는 반드시 지정된 보호구(마스크, 보안경, 고무장갑, 장화, 보호의)를 착용한다.

4. 화학물질의 주입, 사용 시 관리부서장의 지시를 따르고 지시 없는 작업은 금지한다.

5. 각종 배관, 밸브, 탱크의 이상 여부(누수) 등 항시 점검을 생활화하여 화학물질 사고를 예방한다.

6. 보관 장소는 담당자 외에 무단출입을 금한다.

7. 보관 장소 주변 및 바닥은 항시 청결을 유지하도록 한다.

8. 취급 후 각종 장비와 공구 등은 항시 지정된 장소에 품목별로 구분, 보관하고 시건 후 확인한다.

	절차서	문서번호	EQ-P-0802
(주)이큐		제정일	20XX. XX. XX
		개정일	20XX. XX. XX
	비상사태 대비 및 대응	개정번호	01
		PAGE	1 / 10

1. 적용 범위

본 절차서는 환경경영시스템(이하 "경영시스템"이라 한다)의 (주)이큐(이하 "조직"이라 한다)의 비상사태 발생 시 대응과 대비 및 식별에 대하여 적용한다.

2. 목적

본 절차서는 활동의 비상사태를 사전에 예측하여 대응 및 예방하고 발생 시 효과적으로 대처하여 환경오염을 최소화하는 것을 목적으로 한다.

3. 용어의 정의

3.1 비상사태
화재 풍수해 및 기타 사고 등 예상되지 않은 사고로 환경에 심각한 피해 또는 인적, 재산적 손실이 발생할 수 있는 상태

3.2 대비
비상사태 발생을 미연에 방지하기 위한 대응책

3.3 대응
어떤 비상사태에 맞추어 태도, 행동을 취하는 상태

3.4 환경오염
사업 활동, 기타 사람의 활동에 따라 발생되는 대기오염, 수질오염, 토양오염, 소음 · 진동, 악취 등 사람의 건강이나 환경에 피해를 주는 상태

3.6 예방조치

사고가 나기 전에 미리 조치를 취하는 것

4. 책임 및 권한

4.1 비상대책위원회 위원장(최고경영자)

  1) 비상대책위원회 위원장은 최고경영자로 한다.

  2) 비상대책위원회 부위원장이 보고하는 긴급사태 발생 시의 지침을 승인한다.

  3) 비상대책위원회 회의록을 검토하고 시행한다.

4.2 비상대책위원회 부위원장(지휘통제실장)

  1) 비상대책위원회 부위원장은 비상사태 시나리오를 작성하여 비상대책위원회 위원장에게 보고하여야 한다. 각 부서 또는 비상대책위원회에 비상사태의 처리 방법을 결정, 통보하여 비상사태를 최소화하는 방법을 강구한다.

  2) 비상사태에 대하여 외부 이해관계자에게 내용 및 조치사항의 통보 필요성을 파악하여야 한다.

  3) 사태의 통보가 필요한 경우에 비상사태 발생 경위서를 작성하여 발송하여야 한다.

  4) 비상사태를 효율적으로 대처하기 위한 비상대책위원회를 편성 유지하여야 한다.

  5) 비상사태 발생 시 직원 및 방문자 인원 확인을 하고 통제하여야 한다.

  6) 비상사태에 관련되는 운영 및 교육을 실시하여야 한다.

  7) 비상대책위원회 위원장 부재 시 비상대책위원회 위원장 권한을 대행한다.

  8) 긴급사태의 모든 처리가 완료되면 유사사고의 발생 가능성 잔존 여부를 확인하고 긴급사태를 해제하여야 한다.

4.3 비상대책위원회 위원(각 부서장)

    1) 사고 및 긴급사태 발생 시 적절히 대처할 비상연락 체계를 수립 유지하여야 한다.

    2) 비상사태 발생 대비 비상훈련을 1회/년 실시하여야 한다.

    3) 긴급사태에 대하여 처리 방법에 따라 신속히 처리하며 복구를 실시하여야 한다.

    4) 발생된 긴급사태에 대하여 해당 부서장은 사고 발생 보고서를 작성하여 비상대책위원회 위원장에게 보고한다.

    5) 부서원이 대피할 수 있는 비상통로 확보한다.

    6) 비상사태 발생으로 대피 시 인원 파악을 확인 후 보고한다.

    7) 비상사태 시 해당 설비 및 기계를 작동을 정지하여야 한다.

    8) 부서장의 부재 시 권한 대행자를 지정하여야 한다.

5. 업무절차

5.1 비상사태 식별

비상사태의 잠재적 발생 가능성은 환경 측면 파악 및 영향 평가를 통해 식별한다.

5.2 비상사태의 종류 및 상황별 절차

    1) 화재 : 〈별표 1〉

5.3 비상사태 보고

비상사태 대책위원회 조직 및 보고체계는 비상사태 조직도에 따른다.

    1) 비상사태 발생 즉시 사고 당사자나 최초 발견자는 지휘 통제실장에게 사고 개요를 유·무선 또는 구두로 보고한다.

    2) 보고를 접수한 지휘 통제실장은 비상사태라고 판단될 경우 비상사태 대책위원회를 소집, 운영한다.

3) 지휘 통제실장은 주간 비상사태 발생 즉시 필요한 경우 유·무선 또는 사내방송시설을 이용하여 전 직원에게 상황을 전파토록 한다.

4) 지휘 통제실장은 야간 비상사태 발생 즉시 필요한 경우 유·무선 통신을 이용하여 각 부서장에게 전파하고 각 부서장은 해당 부서원에게 전파하여 비상 상황을 전 직원에게 전파될 수 있도록 한다.

5) 지휘 통제실장 및 각 부서장은 비상연락망을 사용한다.

5.4 비상대책위원회 운영

1) 비상사태위원회는 지휘 통제실을 운영하며 지휘 통제실은 비상 연락망, 랜턴 등의 응급장구 및 보호구를 확보하고 있어야 한다.

2) 환경 복구 비상사태 발생 또는 예상될 경우 환경오염의 예방 보호조치를 하고 오염요소를 제거 복구한다.

3) 의료구호 지원 환경오염 사고로 인한 인적, 재산적 피해가 발생 또는 예상될 경우 안전대피를 유도하고 인적 피해가 있을 경우 응급조치, 차량요청, 후송 등의 업무를 지원한다.

5.5 조치 및 복구

1) 의료구호팀은 사고관련 외부기관과의 연락망을 확보하고 필요시 지원 요청을 한다.

2) 진압팀은 소화시설을 사용한다.

3) 진압팀은 비상사태가 확대되어 인적·재산적 피해가 발생 또는 예상되면 전직원에게 알리고 피해를 최소화하기 위해 응급조치를 실시하여야 한다.

4) 각 비상사태 팀은 지휘통제실에 수시로 보고하고 필요한 지원을 받는다.

5) 방호복구팀을 구성하여 현장에 투입 응급조치 및 복구를 하여야 한다.

5.6 비상사태 종료 및 결과보고

   1) 방호복구팀은 비상사태 결과보고서에 사고원인, 조치사항, 피해 상황 등을 파악하여 지휘 통제실장에게 보고하고, 보고받은 지휘 통제실장은 비상사태 복구 완료되었을 경우 최고경영자에게 보고 후 종료한다.

   2) 발생부서장은 재발방지를 위해 정밀 분석하여 비상사태 조치 결과 및 대책을 수립, 보고한다.

   3) 각 부서장은 비상사태에 따른 환경영향 평가의 필요성이 있을 경우 환경 측면 파악 및 영향 평가 절차에 따라 실시한다.

   4) 비상사태에 대한 내용을 이해관계자가 요구할 경우 공개를 원칙으로 하며, 재발방지를 위해 전직원에게 원인 및 처리 결과를 알려야 한다.

5.7 조직에서 보유 중인 소화기를 관리하는 업무 절차는 다음과 같다.

   1) 각 부서는 보유하는 소화기에 대하여 매월 1회 이상 점검 내용을 "소화기 점검표"에 의하여 점검을 실시하여야 한다.

   2) 가 부서는 소화기의 보관, 관리 상대를 감시 및 측징 질차에 따라 점검, 확인하고 부석합 사항 발생 시 시정조치를 요구한다.

6. 예방조치

6.1 사고나 비상사태의 잠재성을 파악하고 대비하기 위해 유해위험 인자를 선정하여 예방 관리한다.

6.2 유해위험 개소에 대해 해당 부서는 비상사태 발생 방지를 위해 관련시설 및 장비 등에 대하여 점검한다.

6.3 비상대책위원회 부위원장은 태풍, 폭우, 폭설, 지진, 화재 등의 천재지변 사고의 비상사태를 미연에 방지하기 위하여 천재지변 주의 및 경보 발령이 내릴 때는 비상대책위원회 위원을 철야 대기시킬 수 있다.

7. 비상사태 훈련 및 교육

7.1 비상대책위원회 부위원장은 아래 내용을 포함하여 비상사태 조치 방안에 대한 훈련계획을 수립하고 정기적인 훈련을 실시하는 것을 원칙으로 한다.

1) 응급조치 제공을 포함하여 비상 상황에 대응하는 계획 수립

2) 대응 계획에 대한 교육훈련 제공

3) 대응 계획 능력에 대한 주기적인 시험 및 연습

4) 시험 후 그리고 특히 비상 상황 발생 후를 포함하여 성과를 평가하고 필요한 경우 대응 계획을 개정

5) 모든 근로자에게 자신의 의무와 책임에 관한 정보를 의사소통 및 제공

6) 모든 관련 이해관계자의 니즈와 능력을 반영하고, 해당되는 경우 대응 계획 개발에 이해관계자의 참여를 보장

7.2 비상소방훈련, 비상근무활동, 교육(환경오염사고 관련) 등으로 대치할 수 있다.

7.3 비상사태 시나리오를 제작하여 정기적인 훈련을 실시하고 실시 결과는 "비상사태 훈련보고서"에 기록한다.

8. 의사소통

8.1 모든 근로자에게 자신의 의무와 책임에 관한 정보를 제공하기 위하여 비상사태 조직도는 현장에 게시하고 사내 인트라넷으로 공유한다.

8.2 계약자, 방문자, 비상 대응 서비스, 정부기관 및 적절하게 지역사회와 관련 정보를 의사소통하여야 한다.

9. 기록

NO	서식명	서식번호	보존연한	보관부서
1	비상사태 훈련계획서	EQP-0802-01		
2	비상사태 훈련보고서	EQP-0802-02		
3	비상연락망 체계표	EQP-0802-03		
4	비상사태 시나리오	〈별표참조〉		

(주)이큐	절차서	문서번호	EQ-P-0802
		제 정 일	20XX. XX. XX
		개 정 일	20XX. XX. XX
	비상사태 대비 및 대응	개정번호	01
		PAGE	8 / 10

<별표 1> 화재 발생 시

단계	조치내용	책임부서	담당	비고
1단계 (화재 발생)	1. 화재 발생을 목격한 경우 · 당황하지 말고, 침착하게 행동한다. · 큰소리로 외치거나 화재경보기(비상벨)을 눌러 화재 발생 사실을 주변에 알린다. · 소화기, 모래, 물 등을 이용하여 초기진화 작업을 실시한다.		최초 목격자	
	2. 초기진화에 실패한 경우 · 즉시 화재현장에서 대피 후 119에 화재신 고를 한다. · 화재신고 시 침착하게 화재 발생 장소, 주 요건물, 화재의 종류 등 상세하게 설명한 다. 화재의 종류 | 종류	내용 | |---|---| | 일반화재 (A급) | 목재, 종이, 섬유, 플라스틱 등의 화재 | | 유류화재 (B급) | 가연성 액체, 가연성 가스 등의 화재 | | 전기화재 (C급) | 전기가 흐르는 상태에서 전기기구 화재 | | 금속화재 (D급) | 가연성 금속(칼륨, 나트륨) 화재 |	지휘 통제팀	지휘 통제 실장	

단계	조치내용	책임부서	담당	비고
2단계 (화재진화 및 대피유도)	1. 화재진화 · 소화반 : 소화기, 소방호스 등 자체 소방시설을 활용하여 소화작업에 임한다. · 급수반 : 충분한 물이 보급될 수 있도록 맡은바 임무에 최선을 다한다.	소수방팀	소수방 팀장	
	2. 방호복구 · 대피 및 반출반 : 1조는 건물 내부에 잔류한 인원에 대하여 신속하게 대피유도를 하고, 2조는 사무실 및 건물 내 보관 중인 주요 서류, 물건 등을 건물 밖으로 반출한다. · 경계반 : 1조는 반출된 물건 등이 분실되지 않도록 경계하고, 2조는 출입인원을 통제와 관설소방대를 유도한다. · 복구반 : 방화문을 폐쇄하고 소방 활동상의 장애물을 제거한다.	방호 복구팀	방호복구 팀장	
	3. 의료구호 · 의료반 : 질식, 중경상자 등의 응급처치를 실시한다. · 후송반 : 질식 등 경상자를 지정병원으로 긴급 후송 시켜 빠른 조치를 받을 수 있도록 한다.	의료 구호팀	의료구호 팀장	
	4. 지휘 통제 · 피해가 발생하면 즉시 지휘 통제팀에 보고한다. · 지휘 통제실의 지시에 따라 행동한다. · 피해상황을 집계한다. · 복구대책을 강구토록 한다. (공사, 수리업체 수급)	각 부서 지휘 통제실		

(주)이큐	절차서	문서번호	EQ-P-0802
		제정일	20XX. XX. XX
		개정일	20XX. XX. XX
	비상사태 대비 및 대응	개정번호	01
		PAGE	10 / 10

단계	조치내용	책임부서	담당	비고
3단계 (사후조치)	1. 피해 상황을 집계하여 대표이사에게 보고 후 관련 부서로 통보한다. 피해상황 집계표 <table><tr><td>NO</td><td>위치</td><td>부서</td><td>피해내용</td><td>피해금액</td><td>복구완료일</td></tr><tr><td></td><td></td><td></td><td></td><td></td><td></td></tr></table>	경영지원부서		
	2. 피해 복구대책을 확정하고 임무를 부여한다. · 시설 파괴 복구 · 청소, 정리정돈(청소 구역별 실시) 　① 부서별 청소구역 내 청소실시 　② 지원부서 인원이 최종 마무리	각 부서		
	3. 복구완료 후 최종보고 실시	경영지원부서		

(주)이큐	절차서	문서번호	EQ-P-0901
		제 정 일	20XX. XX. XX
		개 정 일	20XX. XX. XX
	모니터링, 측정, 분석 및 평가	개정번호	01
		PAGE	1 / 4

1. 적용 범위

본 절차서는 환경경영시스템(이하 "경영시스템이"라 한다)의 (주)이큐(이하 "조직"이라 한다)의 환경에 중대한 영향을 미치는 요인에 대한 관리 및 운영 실태를 환경 모니터링 및 측정에 의거 정기적으로 모니터링 및 측정하는 관리절차에 대하여 적용한다.

2. 목적

본 절차서는 조직의 모니터링, 측정, 분석 및 평가를 통하여 환경 의무준수를 목적으로 한다.

3. 책임과 권한

3.1 관리책임자

　　1) 모니터링 및 측정의 검토 및 승인한다.

　　2) 모니터링 및 측정을 수행할 담당자를 임명한다.

3.2 관리담당자

　　1) 모니터링 및 측정의 작성한다.

　　2) 모니터링 및 측정 실시한다.

　　3) 모니터링 및 측정장비의 관리 및 검교정 실시한다.

　　4) 모니터링 및 측정 결과의 기록과 보고 및 조치한다.

　　5) 문서관리의 책임을 진다.

4. 모니터링, 측정, 분석 및 평가 절차

4.1 모니터링 및 측정 계획

　　1) 관리담당자는 식별된 중대 환경요인을 파악하여 모니터링 및 측정 계획을 수립하고 관리책임자에게 보고하여야 한다.

(주)이큐	절차서	문서번호	EQ-P-0901
		제 정 일	20XX. XX. XX
		개 정 일	20XX. XX. XX
	모니터링, 측정, 분석 및 평가	개정번호	01
		PAGE	2 / 4

2) 환경 모니터링 및 측정 기준에 포함되어야 할 사항은 다음과 같다.

  (1) 모니터링 및 측정분야

  (2) 모니터링 및 측정 대상

  (3) 모니터링 및 측정 방법(자가 및 위탁 측정/모니터링순위/모니터링 자/분야별 측정
     장소, 주기 등)

  (4) 모니터링 및 측정 빈도/주기

  (5) 기타사항

3) 모니터링, 측정분야 및 대상에 포함되는 사항은 다음 사항을 고려한다.

분야	대상
환경안전보건 경영시스템 (시스템모니터링)	1. 환경방침과 목표 및 세부목표의 연계성 2. 환경경영 프로그램(환경요인 조사, 환경영향평가, 법규제 및 기타 요구사항, 목표 및 세부목표, 운영관리, 교육훈련, 모니터링 및 측정 등) 3. 조직 및 책임과 권한 4. 문서관리 5. 의사소통 및 비상사태에 대한 준비, 대응 6. 모니터링 및 측정관리
법규제준수 및 환경안전보건 목표, 세부목표 준수 사항 (운영절차관리)	1. 환경기본법　　　　2. 운영 관리 관련 규제 요구사항
자주적인 환경안전보건 대책	1. 무재해　　　　2. 환경영향 빈도수

4) 모니터링 방법은 모니터링 분야 및 대상별 환경관리 체크리스트에 의하여 자체 실시
  하며 측정은 측정 장비로 자체 혹은 위탁하여 실시할 수 있다.

5) 모니터링 및 측정 빈도/주기는 관련 법규에 명시되어 있는 경우 우선 적용하며 그 외
  의 경우에는 각부서의 환경 모니터링 주기 및 기타 여건을 감안하여 효율적이고 효과
  적으로 실행될 수 있도록 정한다.

문서번호	EQ-P-0901
제 정 일	20XX. XX. XX
개정일	20XX. XX. XX
개정번호	01
PAGE	3 / 4

절차서

모니터링, 측정, 분석 및 평가

(주)이큐

6) 관리책임자는 필요시 환경관리 체크리스트를 분야별 작성하고 관련 부서에서 적용 실행토록 할 수 있다.

7) 모니터링 및 측정요원인 환경담당자에 대한 교육은 교육계획 수립 시에 반영되어야 한다.

4.2 모니터링 및 측정 실시

1) 관리담당자는 환경모니터링 및 측정계획에 따라 모니터링 및 측정을 실시하여야 한다.

2) 관리담당자는 필요시 모니터링 및 측정을 각 부서 담당자에게 위임하여 실시할 수 있다.

4.3 모니터링 및 측정 결과의 조치

1) 관리담당자는 모니터링 및 측정의 결과를 해당 경영검토시 반영하고 관리책임자에게 보고되어야 한다.

2) 모니터링 및 측정 결과 부적합 발생 시 부적합 및 시정조치 절차서에 따라 관련부서/협력업체/담당자에게 통보하고 시정되도록 조치한다.

3) 관리담당자는 모니터링 및 측정 결과 중대한 환경사고를 야기할 수 있는 부적합 사항을 발견할 경우에는 해당 공정을 일시 중단시킬 수 있으며 즉시 해당 부서장에게 보고, 시정조치를 강구한다.

4) 부적합 사항은 해당 체크리스트에 객관적 사실을 기입하고 즉시 조치하며 즉시 조치가 불가능하거나 보고되어야 할 중대한 환경 부적합 사항은 시정조치 요구서를 통하여 처리한다.

5) 반복되는 부적합 사항이나 중대한 사항은 재발방지와 환경개선 활동을 위하여 시정조치 요구서를 발부하며 경영자 검토 자료로 활용되어야 한다.

4.4 측정(Monitoring) 운영관리

1) 환경요인별로 오염발생시 배출/반출량을 요구조건(규제치, 세부목표)에 따라 주기적으로 측정(Monitoring)하고 기록관리를 하여야 한다.

2) 환경관련 설비, 시설 등이 설계/설치 요구 조건에 부합되게 가동되는지를 일지에 기록하여 관리 유지되어야 한다.

3) 환경방침 및 목표와 연계하여 항상 배출/배출량을 비교 검토하여 관리한다.

11. 기록

NO	서식명	서식번호	보존연한	보관부서
1	연간 성과지표 관리대장	EQP-0901-01		

(주)이큐	절차서	문서번호	EQ-P-0902
		제 정 일	20XX. XX. XX
		개 정 일	20XX. XX. XX
	준수 평가	개정번호	01
		PAGE	1 / 2

1. 적용 범위

본 절차서는 환경경영시스템(이하 "경영시스템"이라 한다)의 (주)이큐(이하 "조직"이라 한다)의 준수의무에 대한 준수여부를 주기적으로 평가하여 준수의무를 준수하는데 대하여 적용한다.

2. 목적

본 절차서는 준수의무를 준수하여 환경과 관련된 법적 규제적 요구사항을 지키는데 목적이 있다.

3. 용어의 정의

3.1 준수의무

환경과 관련된 법적, 규제적 요구사항, 이해관계자의 요구사항, 조직이 정한 요구사항, 지자체의 환경 관련 조례 및 요구사항

4. 책임과 권한

4.1 최고경영자

조직의 준수의무가 조직에 적합하게 준수되도록 관리할 책임과 권한이 있다.

4.2 관리책임자

준수의무의 준수 상태를 평가하여 최고경영자에게 보고할 책임이 있다.

4.3 각 부서장

각 부서에서 준수의무를 준수하는가를 주기적으로 점검하여 관리할 책임이 있다.

5. 업무절차

5.1 평가계획

관리담당자는 준수의무가 준수되고 있는가를 평가하기 위하여 필요한 경우 준수평가 계획을 수립하여야 한다.

5.2 평가실시

1) 관리책임자는 매년 1회 평가 체크시트를 작성하여 평가를 실시하고, 평가 결과를 평가 체크시트에 기록하여 보관하여야 한다.
2) 관리책임자는 평가 결과를 최고경영자의 승인을 득하여 파일링하여 관리한다.

5.3 평가검토

1) 관리책임자는 평가 결과가 준수의무를 준수하지 못한 경우 신속하게 준수될 수 있도록 시정 및 예방조치 요구서를 작성하여 해당 부서장에게 통보한다.
2) 해당 부서장은 준수하지 못한 사항에 대하여 시정 및 예방조치를 실시하여 최고경영자의 승인을 득하여 관리책임자에게 통보한다.
3) 관리책임자는 해당 부서의 조치 결과에 대하여 적합성을 확인한 후 종결 처리한다.

5.4 평가보고

관리책임자는 준수 평가 결과에 대하여 매월 업무보고(실적 보고서)를 통하여 준수의무의 준수상태(준수율)를 관리하여야 한다.

6. 기록 및 관리

NO	서식명	서식번호	보존연한	보관부서
1	준수 평가계획	EQP-0902-01		
2	준수평가 체크리스트	EQP-0902-02		

(주)이큐	절차서	문서번호	EQ-P-0903
		제 정 일	20XX. XX. XX
		개 정 일	20XX. XX. XX
	내부심사	개정번호	01
		PAGE	1/5

1. 목적

본 절차서는 (주)이큐(이하 "조직"이라 한다)에서 행하여지는 모든 환경경영시스템(이하 "경영시스템"이라 한다)이 조직의 방침 및 목표를 만족하는가의 검증 및 경영시스템의 유효성을 판단하고 이를 개선하는데 그 목적이 있다.

2. 적용 범위

본 절차서는 조직의 경영시스템 이행 여부를 보증하기 위하여 경영시스템에 대한 내부 심사의 계획, 실행, 결과 보고 및 사후 관리에 대하여 적용한다.

3. 책임과 권한

3.1 최고경영자

　　1) 연간 내부 심사일정 검토 및 승인

　　2) 내부 심사 결과의 검토 및 승인

3.2 심사팀장

　　1) 내부 심사의 심사계획의 수립 및 통보

　　2) 심사 보고서 등의 관련 기록을 보관 및 보존

　　3) 심사 결과 보고서 작성 및 보고

　　4) 심사 지적사항에 대한 시정조치 주관

3.3 심사원

　　1) 내부 심사 체크리스트 작성

　　2) 해당 부서에 대한 심사를 수행

　　3) 심사 지적사항에 대한 심사 부적합 보고서 작성

3.4 수감 부서장

　　1) 심사원이 요구하는 장소 및 자료를 제공

　　2) 심사 목적, 범위에 대한 부서원의 교육

　　3) 심사 지적 사항에 대한 확인

　　4) 심사 지적 사항에 대한 시정조치를 수행 및 결과 통보

4. 업무절차

4.1 심사구분

　　1) 정기심사

　　　　부서별 심사 대상 분야에 따라 매년 1회 이상 실시함을 원칙으로 하며, 연간계획, 내부 심사계획서를 작성하여 최고경영자의 승인을 얻는다.

　　　　단, 부득이한 사정으로 심사 일정을 조정할 필요가 있을 경우에는 심사 계획일로부터 1개월을 초과하지 않는 범위 내에서 조정할 수 있다.

　　2) 특별 심사

　　　　경영시스템 중 사전에 심사 승인되지 않은 중대한 결함 등이 있어 각 부서장의 요청이 있을 경우 및 최고경영자가 필요하다고 인정할 경우 실시한다.

4.2 심사준비

　　1) 심사의 준비, 심사부서 구성, 해당 부서에 심사계획 통보는 관리책임자의 책임하에 실시한다.

　　2) 심사팀은 자격을 갖춘 자로 구성하며, 심사팀장은 내부 심사계획서를 작성하여 최고경영자의 결재를 득한다.

　　3) 심사원 선정 시는 피 심사부서의 업무와 독립적인 인원으로 선정한다.

4.3 자격인정 요건

1) 최고경영자는 심사원이 서면 및 구두로써 의사를 효과적으로 전달할 수 있는지 등의 의사전달 기술 보유 유무를 파악하여 심사를 원만히 수행할 수 있는 내부 심사원을 선임한다.

2) 심사원에 대한 자격 적격성을 보장하기 위해 심사원을 평가하여 적합 최소한 다음 사항 중 1가지 이상 만족하여야 한다.

   (1) 관련업무 내부심사원 전문교육을 수강한 자

   (2) 국가기술자격증 소지자

   (3) 내부심사원 자격 평가를 통과한 자

3) 관리책임자는 심사원으로써 갖추어야 할 요건에 대하여 필요성을 파악하여 심사원에게 다음 분야의 교육훈련을 시킬 수 있다.

   (1) 해당 표준, 관련규격, 관련법규 및 기타 규제사항에 대한 지식과 이해

   (2) 경영시스템의 일반적인 구성 및 해당요소

   (3) 조사, 질문, 평가, 보고하는 심사기술, 시정조치 항목을 식별하고 확인하며 심사 중 지적사항을 마무리 짓는 방법

   (4) 심사 프로그램의 해당요소 등에 관한 실습 및 참관

4) 심사원에 대한 자격 유효기간은 3년으로 하며 자격 연장을 위하여 필요시 최고경영자는 교육 및 훈련을 실시할 수 있으며 최고경영자가 심사원으로 결격사유가 있다고 판단하여 심사원으로 배제할 수 있다.

5) 심사원은 내부 심사 또는 인증기관 사후심사에 참여한 자를 우선으로 하며 자체적으로 교육 실시 후 내부 심사를 하게 할 수 있다.

6) 심사원은 피심사 조직이나 업무에 독립적인 조직에 속해 있는 사람이어야 한다.

7) 심사팀장은 자격이 인정된 심사원 중에서 선정하여야 하며 관리책임자가 선정하고 최고경영자가 승인한다.

4.4 심사 체크리스트 활용

심사팀장은 환경에 관한 내부 심사 체크리스트를 작성하여 필요한 범위 내에서 심사한다.

4.5 심사 실시

1) 심사는 심사계획에 의거 준비된 체크리스트에 따라 심사를 진행한다. 부적합 사항에 대해서는 부적합 사항 별로 내부 심사 체크리스트 및 내부 심사 관찰 보고서에 발의한다.

2) 심사 결과는 문서화하여 피심사 부서의 책임자에게 전달되어 확인하도록 한다.

4.6 심사 결과의 처리

1) 심사팀장은 심사 대상 부서별 심사 부적합 사항을 종합한 심사 결과 보고서를 작성하여 최고경영자의 승인을 득한다.

2) 내부 심사원은 내부 심사 관찰 보고서를 해당 부서장에게 통보하여 시정조치를 요구한다. 시정조치 요구를 받은 부서장은 7일 이내에 조치 계획을 수립하여 심사팀장에게 제출한다.

4.7 시정조치의 확인

1) 심사팀장은 시정조치 계획을 확인하고 심사보고서 확인 결과란에 서명하며 미흡 시는 심사 부적합 보고서를 재발행 한다.

2) 심사팀장은 내부 심사 시 발행된 심사 부적합 보고서에 의거 시정조치 완료일로 부터 7일 이내에 확인하여야 한다.

(주)이큐	절차서	문서번호	EQ-P-0903
		제정일	20XX. XX. XX
		개정일	20XX. XX. XX
	내부심사	개정번호	01
		PAGE	5 / 5

4.8 후속심사

1) 심사팀장은 1개월 이내 전회 내부 심사에서 발행된 심사보고서에 대해 시정조치가 계획에 의거 시행되었는지 확인하여야 한다.

2) 심사원은 실시여부를 확인 후 심사 부적합 보고서의 후속심사 결과란에 서명하여야 한다.

3) 관리책임자는 심사 결과를 취합, 정리하여 경영검토 자료로 제출하여 활용하도록 한다.

5. 기록 및 관리

NO	서식명	서식번호	보존연한	보관부서
1	내부심사 계획서	EQP-0903-01		
2	내부심사 실시 계획통보서	EQP-0903-02		
3	내부심사 체크리스트	EQP-0903-03		
4	내부심사 결과 보고서	EQP-0903-04		
5	자격인증 평가표	EQP-0903-05		
6	자격인증서	EQP-0903-06		
7	자격인증 관리대장	EQP-0903-07		

(주)이큐	절차서	문서번호	EQ-P-0904
		제 정 일	20XX. XX. XX
		개 정 일	20XX. XX. XX
	경영검토	개정번호	01
		PAGE	1 / 5

1. 목적

본 절차서는 경영검토 업무의 책임과 절차를 명확히 함으로써 환경경영시스템(이하 "경영시스템"이라 한다)이 (주)이큐(이하 "조직"이라 한다)의 경영시스템방침에 만족하며 효율적으로 유지·관리되고 있음을 보장하고 지속적인 개선을 유지하는데 그 목적이 있다.

2. 적용 범위

본 절차서는 경영시스템의 경영검토에 대한 절차 및 책임사항에 대하여 적용한다.

3. 용어의 정의

3.1 경영검토회의

경영시스템의 운영상황, 내부감사에서 제기된 문제, 시정 및 예방조치의 효과 등을 검토하고 경영시스템 중 방침, 문서의 적합성 및 효율성을 검토하기 위한 회의이다.

3.2 준수의무

법적, 규제적 요구사항, 이해관계자의 요구사항, 조직이 정한 요구사항 및 기타 이해관계자의 요구사항

4. 책임과 권한

4.1 최고경영자

    1) 경영검토회의 의결사항 및 실행 결과에 대하여 승인한다.

    2) 시정조치에 대한 최종 승인을 한다.

4.2 관리책임자

　1) 경영검토 자료를 사전에 취합하여 최고경영자에게 보고한다.

　2) 회의록 작성 및 보관 책임이 있다.

　3) 경영검토회의 개최를 통보하고 회의 자료를 준비할 책임이 있다.

　4) 경영검토회의 결정사항에 대한 확인 및 조치 결과를 최고경영자에게 보고할 책임이 있다.

　5) 경영검토회의 간사 역할을 담당한다.

4.3 각 부서장

　1) 안건에 대한 검토 및 대책 사항을 준비할 책임이 있다.

　2) 경영검토회의에서 토의 및 결정한 사항에 대하여 실행할 책임이 있다.

　3) 안건의회의 회부를 요구할 권한을 갖는다.

5. 업무절차

5.1 경영검토회의 구성

　1) 의장 : 최고경영자

　2) 간사 : 관리책임자

　3) 위원 : 각 부서장 또는 의장이 지명한 자

5.2 경영검토 입력 사항

　1) 이전 경영검토에 따른 조치의 상태

　2) 다음의 사항을 포함한 경영시스템과 관련된 내부 및 외부 이슈의 변경사항

　　(1) 이해관계자들의 요구와 기대

　　(2) 조직의 리스크와 기회

  (3) 준수의무사항

3) 방침 및 목표의 달성 정도

4) 다음의 경향을 포함한 경영시스템의 성과 및 효과성에 대한 정보

  (1) 고객만족 및 관련 이해관계자의 피드백 및 의사소통

  (2) 목표의 달성 정도

  (3) 프로세스 성과 그리고 제품 및 서비스의 적합성

  (4) 부적합 사항 및 시정조치 및 지속적 개선

  (5) 모니터링 및 측정 결과

  (6) 내부심사 결과

  (7) 외부공급자의 성과

  (8) 준수의무에 대한 준수평가 결과

  (9) 심사 결과

  (10) 리스크와 기회

5) 조직의 중대한 환경 측면

6) 효과적인 경영시스템의 유지를 위한 자원의 충족성

7) 리스크와 기회를 다루기 위하여 취해진 조치의 효과성

8) 이해관계자와 관련된 의사소통

9) 지속적 개선을 위한 기회

5.3 경영검토 출력 사항

상기 5.2항의 경영검토 입력 항목을 바탕으로 경영검토 출력 시에는 아래 사항과 관련된 모든 결정 사항 및 조치를 포함하여 출력한다

  1) 지속적 개선 기회와 관련된 결정

  2) 경영시스템 변경에 대한 모든 필요성

  3) 자원의 필요성에 관한 사항

4) 경영시스템의 지속적인 적절성, 충족성 그리고 효과성에 대한 결론

5) 목표를 달성하지 못했을 때, 필요한 경우의 조치

6) 조직의 전략적인 방향에 대한 모든 인식

7) 필요한 자원

8) 경영시스템과 기타 비즈니스 프로세스와의 통합을 개선하는 기회

9) 조직의 전략적 방향에 대한 영향

10) 경영시스템 및 그 프로세스의 효과성을 개선

5.4 경영검토 자료 집계

1) 경영검토를 위한 자료를 관리책임자가 집계하여 정리한다.

2) 자료 5.2항의 검토항목을 기준으로 집계하며, 필요시 현황을 그대로 첨부할 수 있다.

3) 관리책임자는 경영검토 자료를 각 부서장으로부터 이관 받아 경영검토서를 작성한다.

5.5 경영검토 실시

1) 경영검토는 최고경영자가 직접 주관하거나, 보고를 받을 수 있다.

2) 경영검토 시 검토 내용을 경영검토서에 기록한다.

3) 경영검토 실시는 경영검토 회의로 운영한다.

5.6 경영검토 결과의 처리

1) 각 부서장은 경영검토 시 지시사항이나 문제점에 대해 시정조치 계획을 수립하여 관리책임자에게 보고하고 관리책임자는 집계 검토 후 최고경영자에게 보고한다.

2) 계획에 따른 시정조치를 완료하고 관리책임자가 집계하여 시정조치 내용의 유효성을 검토한다.

3) 관리책임자는 경영검토에 대한 시정조치 결과를 최고경영자에게 승인을 득한다.

4) 보고 시 유효성 검증이 미흡할 경우 차기 검토 시 반영되도록 조치한다.

(주)이큐	절차서	문서번호	EQ-P-0904
		제정일	20XX. XX. XX
		개정일	20XX. XX. XX
	경영검토	개정번호	01
		PAGE	5 / 5

6. 경영검토 방법 및 주기

6.1 정기검토

매년 12월에 1회 실시한다.

6.2 수시(특별)검토

내·외부 환경 변화로 시스템의 급격한 변화가 우려될 경우

중대 클레임 발생하였을 경우

7. 기록 및 관리

NO	서식명	서식번호	보존연한	보관부서
1	경영검토 보고서	EQP-0904-01		

(주)이큐	절차서	문서번호	EQ-P-1001
		제 정 일	20XX. XX. XX
		개 정 일	20XX. XX. XX
	개선	개정번호	01
		PAGE	1 / 5

1. 적용 범위

본 절차서는 환경경영시스템(이하 "경영시스템"이라 한다)의 (주)이큐(이하 "조직"이라 한다)의 요구사항의 충족, 이해관계자의 니즈와 기대의 충족, 경영시스템의 성과 및 효과성 개선에 대한 절차에 대해 규정한다.

2. 목적

본 절차서는 개선 기회를 결정하고 선택하여야 하며, 고객 요구사항을 충족시키고 고객만족을 증진시키기 위하여 필요한 모든 조치를 실행하는데 그 목적이 있다.

3. 용어와 정의

3.1 결함(DEFECT)

안전에 관한 것을 포함하여 의도된 사용, 요구사항 또는 합리적 기대에 충족되지 않음

3.2 시정조치(CORRECTIVE ACTION)

현존하는 부적합, 결함 또는 그 밖의 바람직하지 않은 상황의 재발방지를 위하여 원인을 제거하는데 취해진 조치

3.2 예방조치(PREVENTION ACTION)

잠재적인 부적합, 결함 또는 그 밖의 바람직하지 않은 상황의 재발방지를 위하여 원인을 제거하는데 취해진 조치

4. 책임과 권한

4.1 최고경영자

   1) 환경과 관련한 시정 및 예방조치 요구서 승인

   2) 시정 또는 예방조치 결과의 확인 및 발행된 시정 및 예방조치 요구서의 종결 승인

(주)이큐	절차서	문서번호	EQ-P-1001
		제 정 일	20XX. XX. XX
		개 정 일	20XX. XX. XX
	개선	개정번호	01
		PAGE	2 / 5

4.2 관리책임자

   1) 시정조치 및 예방조치 활동에 대하여 확인, 검토 책임

   2) 환경에 중대 결함 발생 시 최고경영자에게 보고

4.3 각 부서장

   1) 발행된 시정 및 예방조치 요구서에 대하여 정상적인 해결 방법 제공

   2) 재발방지를 위한 대책 수립 후 최고경영자에게 보고

5. 개선

5.1 개선

조직은 개선 기회를 결정하고 선택하여야 하며, 고객 요구사항을 충족시키고 고객만족을 증진시키기 위하여 필요한 모든 조치를 실행하여야 한다.

   1) 요구사항 충족에 대한 조치

   2) 미래의 니즈와 기대를 다루기 위한 제품 및 서비스의 개선에 대한 조치

   3) 시정, 예방 또는 바람직하지 않은 영향의 감소에 대한 조치

   4) 경영시스템의 성과 및 효과성 개선에 대한 조치

6. 부적합 사항 및 시정조치

6.1 부적합 사항의 대처

불만족에서 야기된 모든 것을 포함하여 부적합이 발생하였을 때 다음의 사항을 실행하여야 한다.

   1) 부적합에 대처하여야 하며 해당되는 경우 다음의 사항을 포함한다.

     (1) 부적합을 관리하고 시정하기 위한 조치를 취함

     (2) 결과를 처리함(환경 악영향의 완화 포함)

2) 부적합이 재발하거나 다른 곳에서 발생하지 않게 하기 위해서 부적합의 원인을 제거하기 위한 조치의 필요성을 다음 사항에 의하여 평가하여야 한다.
　(1) 부적합의 검토와 분석
　(2) 부적합 원인의 결정
　(3) 유사한 부적합의 존재 여부 또는 잠재적인 발생 여부 결정
3) 경영시스템 리스크에 대한 기존 평가사항의 적절한 검토
4) 관리 단계 및 변경 관리에 따라 필요한 모든 조치의 실행
5) 취해진 모든 시정조치의 효과성 검토
6) 기획 시 결정된 리스크와 기회의 검토 및 갱신
7) 새로운 또는 변경된 환경요인과 관련된 리스크를 조치하기 전에 평가
8) 필요한 경우 경영시스템의 변경

6.2 시정조치 통보서의 발행
관리책임자는 다음과 같은 경우에 시정조치 통보서를 발행한다.
　1) 경영검토 결과 시스템의 개선을 요하는 최고경영자의 지시사항
　2) 내부심사 및 인증기관 심사 시 발생한 부적합 사항
　3) 경영시스템의 이행사항에 대한 불이행

6.3 대책수립 및 이행
통보서를 접수한 부서는 발행 내용을 검토하여 대책을 수립하여 부서장의 승인을 받은 후 관리책임자에게 보고한다.

6.4 결과분석 및 보고
　1) 시정조치 및 예방조치 사항은 부정적인 환경영향을 완화하는 것을 포함하여 취해진 모든 시정조치의 효과성 검토 및 분석 후 취합하여 경영검토 자료로 보고한다.

2) 시정조치 통보서의 작성된 후속조치 및 시정조치의 결과는 문서화된 정보를 보유하여야 하며, 이해관계자와 의사소통하여야 한다.

3) 시정조치 후 필요한 경우, 조직의 리스크와 기회의 검토를 통하여 갱신하여야 한다.

4) 필요한 경우, 경영시스템의 변경

6.5 부적합의 재발방지

부적합의 원인을 제거하기 위한 조치의 필요성을 다음 사항에 의하여 평가하여야 한다.

1) 부적합의 검토와 분석

2) 부적합 원인의 결정

3) 유사한 부적합의 존재 여부 또는 잠재적인 발생 여부 결정

7. 지속적 개선

7.1 관리담당자는 다음 사항에 따라 경영시스템의 적절성, 충족성 및 효과성을 지속적으로 개선하여야 한다.

1) 분석 및 평가의 결과

2) 내부심사 결과

3) 경영검토 출력사항

4) 경영시스템의 성과 향상

5) 경영시스템을 지원하는 문화 촉진

(주)이큐	절차서		문서번호	EQ-P-1001
			제 정 일	20XX. XX. XX
			개 정 일	20XX. XX. XX
	개선		개정번호	01
			PAGE	5 / 5

8. 기록

NO	서식명	서식번호	보존연한	보관부서
1	개선추진 실적 보고서	EQP-1001-01		
2	시정조치 요구서	EQP-1001-02		
3	시정조치 관리대장	EQP-1001-03		
4	개선추진 계획서	EQP-1001-04		

3. ISO 환경경영시스템 관련 양식

목 차

01. EQP-0401-01 내부, 외부 이슈사항 파악표

주식회사 이큐	내부, 외부 이슈사항 파악표		작성	검토	승인
			/	/	/

항목	세목	이슈사항	당사현황	기회적요소	위협적요소	관리번호	비고
외부	지역적						
	법적						
	기술적						
	경쟁적						
	시장						
	문화적						
	사회적						
	경제적						
내부	가치적						
	문화적						
	지식적						
	성과적						

EQP-0401-01 주식회사 이큐 A4(210X297)

02. EQP-0401-02 이해관계자 파악표

주식회사 이큐	이해관계자 파악표		작 성	검 토	승 인
			/	/	/

부 서 명		작성자		작성일자	

이해관계자		이해관계자 요구사항	준수 의무사항
구분	조직명		
(정부)			
(고객)			

EQP-0401-02   주식회사 이큐   A4(210X297)

03. EQP-0503-01 업무분장표

주식회사 이큐	업무분장표	작 성	검 토	승 인
		/	/	/

부서명		시행일자		작성자	

직 무	성 명	업 무 내 용

EQP-0503-01 　　　　　　　　　　주식회사 이큐 　　　　　　　　　　A4(210X297)

04. EQP-0601-01 리스크 및 기회관리 조치계획서

주식회사 이큐	리스크 및 기회관리 조치계획서	작성	검토	승인
		/	/	/

부서명		시행일자		작성자	

구분	주요 내용	조치 항목	추진일정	추진담당	비고
리스크					
기획					

EQP-0601-01   주식회사 이큐   A4(210X297)

05. EQP-0601-02 SWOT 분석표

주식회사 이큐	SWOT 분석표	작 성	검 토	승 인
		/	/	/

	강점(Strengths)	약점(Weakne00es)
내부 환경 외부 환경		
기회(Opportunities)	SO 전략	WO 전략
위협(Threats)	ST 전략	WT 전략

6. EQP-0602-01 환경 측면 파악표

주식회사 이큐	환경 측면 파악표	작성	검토	승인
		/	/	/

부서명		시행일자		작성자	

NO	활동/ 공정	세부 활동 항목	영향 요인	발생조건			발생시기			발생영향		비고
				정상	비정상	비상	과거	현재	미래	직접	간접	

EQP-0602-01 　　　　　　　　　　주식회사 이큐　　　　　　　　　　A4(210X297)

7. EQP-0602-02 환경영향 평가서

주식회사 이큐	환경영향 평가서	작성	검토	승인
		/	/	/

평가일 :

현 장 명		평 가 자	
환경 측면		환경영향	

발생조건	☐ 정상 ☐ 비정상 ☐ 비상상태	평가결과	1. 방침, 법규, 절차서		등록판정
발생시기	☐ 과거 ☐ 현재 ☐ 미래		2. 이해관계자		☐ Y
발생영향	☐ 직접 ☐ 간접		3. 위험성		☐ N
			4.재정적측면		
			5.기술적측면		

NO	평가구분		평가항목		평가결과
1	방침 및 법규 절차서	회사 환경방침 (15점)	정확히 언급하고 있다.	(15점)	
			불명확하나 내재되어 있다.	(10점)	
			전혀 언급이 없다.	(0점)	
		현행법규, 예규, 지침 (15점)	환경법규에서 요구하고 있다.	(15점)	
			기타 법규에서 요구하고 있다.	(10점)	
			전혀 언급이 없다.	(0점)	
		발주처에 계약조건 반영 (10점)	명백히 요구하고 있고 제재할 수 있다.	(15점)	
			요구만 하고 있다.	(5점)	
			전혀 언급이 없다.	(0점)	
	소계	40점			
2	이해 관계자	민원 소송 진정, 벌금 (20점)	지난 1년간 민원 또는 벌금을 낸적이 있다.	(20점)	
			지난 3년간 민원 또는 벌금을 낸적이 있다.	(10점)	
			없다.	(0점)	
		환경캠페인 (국제/국내) (5점)	1개월 이내에 캠페인 활동을 시행한 적이 있다.	(5점)	
			과거에 캠페인 활동을 시행한 적이 있다.	(3점)	
			없다.	(0점)	
		매스컴보도 및 출판사례 (15점)	1개월 이내에 언급한 적이 있다.	(10점)	
			과거에 언급한 적이 있다.	(10점)	
			없다.	(0점)	
	소계	40점			
3	위험성(R) (R=PxC)	발생가능성(P) (10점)	비통제, 무방비, 미대책	(10점)	
			가끔관리, 통제	(8점)	
			지속적관리, 통제	(5점)	
		결과의 심각성(C) (4점)	인체에 치명적이다.	(4점)	
			다량 오염유발 가능성이 있다.	(3점)	
			장기적으로 볼 때 생태계에 영향을 준다.	(2점)	
			거의 심각성이 없다.	(1점)	
	소계	40점			
4	재정적 측면	재정적 측면 (40점)	실행 불가능하다.	(40점)	
			별도 품의로 실행 가능하다.	(30점)	
			실행 내역으로 조치 가능하다.	(20점)	
	소계	40점			
5	기술적 측면	기술적 측면 (40점)	현재 기술로는 개선 불가능하다.	(40점)	
			기술 연구가 필요하다.	(30점)	
			현재 기술로 개선이 가능하다.	(20점)	
	소계	40점			
	합계	200점			

EQP-0602-02 주식회사 이큐 A4(210X297)

8. EQP-0602-03 부서별 환경영향 평가표

주식회사 이큐	부서별 환경영향 평가표	관리부서	
		PAGE	1/1

부서명				평가자	환경담당자	
평가일		승인일		승인자	부서장	

세부업무	업무분장	환경관련성 (O,×)	평가항목							관리등급
			합계	환경영향정도	환경법규와 관련성	환경방침/ 환경프로그램과의 관련성	이해관계자 요구	업무개선 용이성	업무개선 기대효과	

EQP-0602-03   주식회사 이큐   A4(210X297)

9. EQP-0602-04 환경영향 등록부

주식회사 이큐	환경영향 등록부	작 성	검 토	승 인
		/	/	/

등록일자 :

현 장 명		평 가 자	
환경 측면		환경영향	

환경 영향 개요	
긴급사태 조치사항	
환경영향 평가결과	
환경법규 등록부 등록번호	
특기사항	
배포처	

10. EQP-0603-01 환경법규 등록 관리대장

주식회사 이큐	환경법규 등록 관리대장	작성	검토	승인
		/	/	/

현장명	등록일	법률명	법률최초 제정일	법률최종 개정일	비고

EQP-0603-01 주식회사 이큐 A4(210X297)

11. EQP-0603-02 환경법규 등록표

주식회사 이큐	환경법규 등록표	작 성	검 토	승 인
		/	/	/

개정번호		시행일자	
입수일		입수방법	
법규명		페이지	/
조항	법규주요내용		
법			
배부처		기타적용검토	

12. EQP-0604-01 목표 및 세부목표 추진계획/실적서

주식회사 이큐	목표 및 세부목표 추진계획/실적서	작성	검토	승인
		/	/	/

작성일		부서명	
페이지		작성자	

목표	세부목표 (기간)	목표달성방법	추진일정									담당 부서	실행 결과	비고
			년도	1/4		2/4		3/4		4/4				

EQP-0604-01 　　　　　　　　　　　주식회사 이큐 　　　　　　　　　　　A4(210X297)

13. EQP-0604-02 세부목표 변경요청서

주식회사 이큐	세부목표 변경요청서	작 성	검 토	승 인
		/	/	/

작성일자 :

작 성 자		작성부서	

	변경내용	
요 청 부 서		
	변경사유	
검 토 부 서	검토의견	
	검토자 : /	
승 인 자 :	/	

EQP-0604-02   주식회사 이큐   A4(210X297)

14. EQP-0701-01 설비 관리대장

주식회사 이큐	설비 관리대장	관리부서	
		PAGE	1/1

번호	관리번호	설비 및 치구명	형식	수량	사용현장	비고

EQP-0701-01 　　　　　　　　　　　　　주식회사 이큐 　　　　　　　　　　　　　A4(210X297)

15. EQP-0701-02 설비 이력카드

주식회사 이큐	설비 이력카드	관리부서	
		PAGE	1/1

관리번호		작성일자	
성비명		형식	
구입일자		제작회사	

* 이력사항(보수, 점검, 수리, 교환, 이동에 관한 사항)

작성일자	이 력 사 항	상 태	현장명	확인자

EQP-0701-02 　　　　　　　주식회사 이큐 　　　　　　　A4(210X297)

16. EQP-0701-03 설비 점검표

설비명		설비 점검표									결재	작성	검토	승인
설비번호		이상발생 시 보고 순서		작업자		생산 팀장		공장 책임자						
관리 책임자	정	부	점검 일자		년 월 일									

				범례	정상	○	이상	X	보수	◇
					보충	□	교환	△		

점검방법	1. 점검 방법은 범례에 준하여 체크한다.
	2. 체크는 작업자, 점검은 관리 담당자가 한다.
	3. 기타 이상발생 시 현장책임자 및 관리 담당자에게 보고한다.
기타사항	1. 후면의 기계문은 감전의 위험이 있으니, 꼭 닫아주십시오.

■ 설비 일상 점검을 철저히 합시다.

NO	점검 내용	점검 기준	표기 방법	주기	1	2	3	4	5	6	7	8	9	10	11	12	13	14	15	16	17	18	19	20	21	22	23	24	25	26	27	28	29	30	31
1																																			
2																																			
3																																			
4																																			
확인란	작업자 확인																																		
	관리자 확인																																		

NO	일자	이상 발생 내용	원 인	대책 및 조치	비 고

17. EQP-0701-04 업무환경 점검표(현장용)

주식회사 이큐	업무환경 점검표 (현장용)	작성	검토	승인
		/	/	/

평가일자 :　　년　월　일

구분	번호	평가내용	평가자			평균
			(인)	(인)	(인)	
정리	1	불필요한 걸레, 장갑 등이 바르게 수집되어 있는가?				
	2	불필요한 치구, 공구, 부품이 바르게 수집되어 있는가?				
	3	설비 본체에 불용품, 사물 등이 놓여있는 않는가?				
	4	설비 주변에 불용품, 사물 등이 놓여있지 않는가?				
	5	폐기물, 불용품 등을 일정한 곳에 모아두고 있는가?				
정돈	6	통로, 물건 놓는 곳이 정확히 표시되어 있는가?				
	7	무게순으로 밑에서부터 차례로 쌓여져 있는가?				
	8	통로에 물건이 놓여있지 않은가?				
	9	두는 곳이 구분되어 있고 그곳에 바르게 놓여 있는가?				
	10	소화기 앞에 물건이 놓여있지 않는가?				
청소	11	바닥이 기름, 이물질, 물 등으로 더럽혀져 있지 않은가?				
	12	통로에 부품, 치·공구, 쓰레기 등이 떨어져 있지 않은가?				
	13	설비 본체의 구석구석까지 청소되어 있는가?				
	14	화장실, 금연장소 주변이 깨끗하게 청소되어 있는가?				
	15	청소도구는 필요한 것이 갖추어져 있는가?				
청결	16	기계가 깨끗하게 닦여져 있는가?				
	17	복장이 흐트러져 있지 않은가?				
	18	먼지, 분진, 공기오염, 냄새나는 곳은 없는가?				
	19	담배는 정해진 곳에서 피우고 있는가?				
	20	유휴설비 기일, 책임자명을 표시하고 있는가?				
습관	21	정해진 규칙은 지키고 있는가?				
	22	보호구는 정해진 것을 바르게 착용하고 있는가?				
	23	작업복은 바르게, 단추는 정확히 채워져 있는가?				
	24	안전화, 신발은 규정된 것을 신고 있는가?				
	25	정확히, 바르게 복장을 하고 있는가?				
계		25개 평가(만점 100점)				

※ 특기사항

※ 평가점수

범 례	4점	상당히 좋음
	3점	보　통
	2점	미　흡
	1점	전혀 안 됨

18. EQP-0701-05 업무환경 점검표(사무실용)

주식회사 이큐	업무환경 점검표 (사무실용)	작 성	검 토	승 인
		/	/	/

평가일자 : 년 월 일

구분	번호	평 가 내 용	평가자 (인)	평가자 (인)	평가자 (인)	평균
정리	1	서류, 도면, 자료 등이 바르게 보관되어 있는가?				
	2	개인 책상에 불필요한 비품, 자료 등이 있는가?				
	3	서류함 내에 불필요한 자료는 있는가?				
	4	폐기물, 불용품을 일정한 곳에 모아두고 있는가?				
	5	서류의 처리기준이 정해져 있는가?				
정돈	6	서류함과 비품의 표시는 한눈에 알 수 있는가?				
	7	통로와 물건 놓는 곳이 정확하게 표시되어 있는가?				
	8	두는 곳이 구분되어 있고 그곳에 바르게 놓여있는가?				
	9	서류와 비품은 정해진 장소에 보관되어 있는가?				
	10	게시판, 표어 등이 제대로 부착되어 있는가?				
청소	11	바닥이 기름, 이물질, 물 등으로 더렵혀져 있지 않은가?				
	12	통로에 쓰레기 등이 떨어져 있지 않은가?				
	13	청소분담 및 습관화가 되어 있는가?				
	14	책상, 창문 등이 구석구석 청소되어 있는가?				
	15	청소도구는 필요한 것이 갖추어져 있는가?				
청결	16	사무실에 들어왔을 때 상쾌한 느낌은 있는가?				
	17	복장이 흐트러져 있지 않은가?				
	18	먼지, 분진, 공기오염, 냄새나는 곳은 없는가?				
	19	담배는 정해진 곳에서 피우고 있는가?				
	20	유휴설비 기일, 책임자명을 표시하고 있는가?				
습관	21	쓸고 닦는 청소의 습관화가 되어 있는가?				
	22	모범적인 태도와 능동적인 자세로 업무에 임하고 있는가?				
	23	시간에 대한 정해진 규정을 지키고 있는가(근태/회의/휴식)?				
	24	조직내 불과 규칙을 잘 지키고 있는가?				
	25	상호 간 인사 및 의사소통은 바르고 기분좋게 하고 있는가?				
계		25개 평가(만점 100점)				

※ 특기사항

※ 평가점수

범례	4점	상당히 좋음
	3점	보 통
	2점	미 흡
	1점	전 혀 안 됨

EQP-0701-05 주식회사 이큐 A4(210X297)

19. EQP-0701-06 계측장비 관리대장

주식회사 이큐	계측장비 관리대장	관리부서	
		PAGE	1/1

NO	관리번호	계측기명	규 격 (제작번호)	사용부서	검교정 관리			비고
					교정	점검	주기	

EQP-0701-06 주식회사 이큐 A4(210X297)

20. EQP-0701-07 계측장비 이력카드

주식회사 이큐	계측장비 이력카드	관리부서	
		PAGE	1/1

관리번호		용 도		장비명	
규 격		제작사		제작번호	
구입처		구입일자		구입가격	
부속품					

검교정 및 수리 이력

순번	검교정 일자	검교정 기관	차기교정예정일	수리이력 및 특기사항	확 인

21. EQP-0702-01 ( )년 교육/훈련 계획서

주식회사 이큐	( )년 교육/훈련 계획서	작성	검토	승인
		/	/	/

부서명		작성일자		작성자	

NO	교육대상	교육과정명	교육시간	교육월	교육기관 (장소)	비고

EQP-0702-01 　　　　　　　　　　　주식회사 이큐　　　　　　　　　　　A4(210X297)

22. EQP-0702-02 교육결과 보고서

주식회사 이큐	교육결과 보고서	작 성	검 토	승 인
		/	/	/

교육명					
실시일자		시 간		장 소	
교육기관				강 사	

교육내용	교육참가자

유효성 평가

23. EQP-0702-03 개인별 교육/훈련 이력카드

주식회사 이큐	개인별 교육/훈련 이력카드	관리부서	
		PAGE	1/1

소속		성 명		직 급	
교육명	교육기간	교육장소	교육비용	비교	

EQP-0702-03   주식회사 이큐   A4(210X297)

24. EQP-0703-01 의사소통 관리대장

주식회사 이큐	의사소통 관리대장	관리부서	
		PAGE	1/1

부서명 :

순번	외부기관/ 이해관계자	접수		조치		비고
		접수일	접수내용	회신일	조치내용	

25. EQP-0703-02 회의록

주식회사 이큐	회의록	작성	검토	승인
		/	/	/

문서번호		참석자	부서명	직위	성명	서명
제목						
주관부서						
회의일시						
회의장소						

회의내용

EQP-0703-02 주식회사 이큐 A4(210X297)

26. EQP-0703-03 환경정보 보고서

주식회사 이큐	환경정보 보고서	작 성	검 토	승 인
		/	/	/

문서번호		보고일자	
수신		이해관계자	
참조		보고자	
제목	환경정보　　　환경사고　　　민원발생 보고		

보고내용	발생일시 :　　 년　월　일　시	발생경로	전화　　문서　　기타(　　)
	주요내용(구체적으로) :		
	관련사항 첨부 :		

조치방안 및 결과	

EQP-0703-03　　　　　　　　　　　　　　　주식회사 이큐　　　　　　　　　　　　　　　A4(210X297)

27. EQP-0704-01 문서 제·개정 심의서

주식회사 이큐	문서 제·개정 심의서	관리부서	
		PAGE	1/1

심의번호 :

제 목							
신청부서	• 부서명 :		• 부서장 :			• 신청일자 :	
문서명 (문서번호)							
신청내용 및 사유							
심 의	심의자	부서명					
		심의일자	/	/	/	/	/
	• 관련 부서 의견(별도 의견)이 있는 경우에 기재바랍니다.						

승 인	검 토		승 인	
	• 검토자 : (인)		• 승인자 : (인)	
	• 일 자 :		• 일 자 : (인)	

시 행	• 승인자 지시사항(지시사항이 있는 경우) • 시행일자 :

EQP-0704-01 주식회사 이큐 A4(210X297)

28. EQP-0704-02 문서배포 관리대장

주식회사 이큐	문서배포 관리대장	관리부서	
		PAGE	1/1

문서명	관리번호	배포일	배포처	비 고

EQP-0704-02   주식회사 이큐   A4(210X297)

29. EQP-0704-03 문서 목록표

주식회사 이큐	문서 목록표	관리부서	
		PAGE	1/1

부서 :

NO	파일번호	파일명	비 고

EQP-0704-03 주식회사 이큐 A4(210X297)

30. EQP-0704-04 외부문서 관리대장

주식회사 이큐	외부문서 관리대장	관리부서	
		PAGE	1/1

NO	문서번호	문서명	발행처	재·개정내역	비 고 (점검 결과)

EQP-0704-04   주식회사 이큐   A4(210X297)

31. EQP-0704-05 디스켓/CD 관리대장

주식회사 이큐	디스켓/CD 관리대장	관리부서	
		PAGE	1/1

부서명 :

관리번호	위치	제목	담장자	비고

EQP-0704-05 주식회사 이큐 A4(210X297)

32. EQP-0801-01 폐기물 관리대장

주식회사 이큐	폐기물 관리대장	관리부서	
		PAGE	1/1

(① 폐기물의 종류 :   )

(단위:톤)

② 발생내역				③ 자가처리내역							④ 위탁처리내용						⑤ 보관량	결재	
						중간처리		최종처리											
연월일	상태	발생량	발생량누계	연월일	처리량	처리방법	처리량	처리방법	처리량	처리량누계	연월일	위탁처리량	운반자	처리자	처리방법	위탁처리량누계	보관량		

33. EQP-0801-02 환경유해 자재 관리대장

주식회사 이큐	환경유해 자재 관리대장	작성	검토	승인
		/	/	/

현장명		유해물질명		(단위 :)	
일자	입고	출고	재고	확인	비고

34. EQP-0801-03 유해물질 자재 목록

주식회사 이큐	유해물질 자재 목록	작 성	검 토	승 인
		/	/	/

현장명 :   PAGE :   /

환경 위해 자재명	사용목적	보관장소	보관 및 관리	영향 및 대책	비 고

35. EQP-0802-01 ( )년 비상사태 훈련계획서

주식회사 이큐	( )년 비상사태 훈련계획서	작 성	검 토	승 인
		/	/	/

작성일자		작성부서		작성자	

NO	훈련내용(비상사태 내용)	훈련대상	훈련시간	훈련일자	훈련장소	비 고

EQP-0802-01 주식회사 이큐 A4(210X297)

36. EQP-0802-02 비상사태 훈련보고서

주식회사 이큐	비상사태 훈련보고서	관리부서	
		PAGE	

제 목	
최초사고접수	
연 락	
상황진행 및 종결	
평 가	
보완사항	
작성자 / 일자	
비 고	

37. EQP-0802-03 비상연락망 체계표

주식회사 이큐	비상연락망 체계표	관리부서	
		PAGE	

직 책	성 명	지역번호	전화번호	이동통신

EQP-0802-03   주식회사 이큐   A4(210X297)

38. EQP-0901-01 ( )년 성과지표 관리대장

주식회사 이큐	( )년 성과지표 관리대장	관리부서	
		PAGE	1/1

순번	성과지표 항목	측정 주기	주관 부서	목표 (계획)	추진실적												
					1	2	3	4	5	6	7	8	9	10	11	12	종합

39. EQP-0902-01 준수평가 계획

주식회사 이큐	준수평가 계획	관리부서	
		PAGE	1/1

부서명 :

분 야	대 상	방 법	빈도/주기	비 고
환경경영 시스템				
법규제사항 준수 (운영관리 절차)				
자주적인 환경대책 (에너지 및 자원절약 /측정)				

EQP-0902-01   주식회사 이큐   A4(210X297)

40. EQP-0902-02 준수평가 체크리스트

주식회사 이큐	준수평가 체크리스트	관리부서	
		PAGE	1/1

부서명 :

점검분야		점검일	
점검대상		점검자	

점검항목	점검결과		객관적 사실
	양호	불량	

EQP-0902-02   주식회사 이큐   A4(210X297)

41. EQP-0903-01 ( )년 내부심사 계획서

주식회사 이큐	( )년 내부심사 계획서	작성	검토	승인
		/	/	/

작성일자 :

감사구분	대상부서	1월	2월	3월	4월	5월	6월	7월	8월	9월	10월	11월	12월	비고
□ 정기 □ 특별														
□ 정기 □ 특별														
□ 정기 □ 특별														
□ 정기 □ 특별														
□ 정기 □ 특별														
□ 정기 □ 특별														
□ 정기 □ 특별														
□ 정기 □ 특별														
□ 정기 □ 특별														
□ 정기 □ 특별														
□ 정기 □ 특별														
□ 정기 □ 특별														
□ 정기 □ 특별														

EQP-0903-01   주식회사 이큐   A4(210X297)

42. EQP-0903-02 내부심사 실시계획 통보서

주식회사 이큐	내부심사 실시계획 통보서	작 성	검 토	승 인
		/	/	/

작성일자 :

심사구분	☐ 정기심사　　　　　　☐ 특별심사				
심사목적 및 범위	가. 목 적 :				
	나. 범 위 :				

부서별 심사부서 구성	구 분					
	심사일자					
	심사팀장					
	심사원					

* 내부심사원 양성과정 교육 이수자 중심으로 감사부서 구성

심사일정 및 심사항목	
특기사항	
붙임	

43. EQP-0903-03 내부심사 체크리스트

주식회사 이큐	내부심사 체크리스트	결재	심사원	심사팀장
			/	/

심사부서 :   작성일자 :

문서번호 (절차서번호)	점검항목	관련기록	특기사항

EQP-0903-03   주식회사 이큐   A4(210X297)

44. EQP-0903-04 내부심사 결과 보고서

주식회사 이큐	내부심사 결과 보고서	작 성	검 토	승 인
		/	/	/

심사기간 :   작성일자 :

심사구분	□ 정기심사 □ 특별심사		
심사목적 및 범위	가. 목 적 :		
	나. 범 위 :		
심사대상 부서 및 장소			
심사부서 구성			
심사 일정			
주요 심사내용			
심사 결과			
특기사항			

EQP-0903-04   주식회사 이큐   A4(210X297)

45. QP-0903-05 자격인증 평가표

주식회사 이큐	자격인증 평가표	작성	검토	승인
		/	/	/

자격 인증 종목		□검사원　　■내부심사원　　□특수작업자　　□설계자		
신청대상자	소속		직위	대표
	성명		기타	
자격 구분		자격인증기준		검토결과
검사원	학력			
	경력			
내부심사원	학력			
	경력			
특수작업자 (용접)	학력			
	경력			
설계자	학력			
	경력			

특기사항 :

위사람은 자격인증 기준에 따라 평가 결과 자격 인증 기준에(■적합, □부적합) 합니다.

년　월　일

평가자 : (소속)　　　　(성명)　　　　(인)

EQP-0903-05　　　　　　　　　주식회사 이큐　　　　　　　　　A4(210X297)

46. EQP-0903-06 자격인증서

주식회사 이큐	자격인증서	관리부서	
		PAGE	1/1

해당부문		관리번호	
성 명		최종학력	

자격사항

1. 해당 자격요건

2. 근무경력

구 분	근무부서	근속기간
당 사		
타기관		

3. 교육이수사항

교육명	교육기간	교육시행기관

4. 자격, 면허

종류 및 등급	취득일자	발급기관

작성	작성일자 : 년 월 일 작성자 : (인)	검토 및 승인	작성일자 : 년 월 일 작성자 : (인)

47. EQP-0903-07 자격인증 관리대장

주식회사 이큐	자격인증 관리대장		관리부서	
			PAGE	1/1

NO.	소속 및 성명	자격승인일	자격인증종목	인증번호	유효기간	비 고
1						
2						
3						
4						
5						
6						
7						
8						
9						
10						
11						
12						
13						
14						
15						
16						
17						
18						
19						
20						

EQP-0903-07   주식회사 이큐   A4(210X297)

48. EQP-0904-01 환경경영검토 보고서

주식회사 이큐	환경경영검토 보고서	작 성	검 토	승 인
		/	/	/

검토일자 :   PAGE   (1/2)

검토항목		입력사항 (보고 요약)	비고(첨부)
이전 경영검토에 따른 조치의 상태			
환경 경영시스템 변경사항	외부 및 내부 이슈의 변경사항		
	이해관계자 요구사항 기대의 변경		
	중대한 환경측면 변경사항		
	리스크와 기회의 변경사항		
환경 경영시스템의 성과 및 효과성	고객만족 이해관계자 피드백		
	환경목표 달성 정도		
	부적합 및 시정조치		
	모니터링 및 측정결과		
	심사결과 (내부,고객,인증기관)		
	외부협력업체의 성과		
자원의 충족성			
리스크와 기회를 다루기 위하 여 취해진 조치의 효과성			
개선기회			

EQP-0904-01   주식회사 이큐   A4(210X297)

출 력 항 목		출력사항(결정사항)
경영검토 출력사항 (결정 및 조치사항)	개선기회	
	환경경영시스템 변경에 대한 필요성	
	자원의 필요성	
	환경 목표 미달성 조치사항	
	기타 조직의 전략적 방향 및 대표 지시사항	

최종결론 : 환경경영시스템의 적절성, 충족성, 효과성, 정렬성 평가

☐ 만 족 :

☐ 불만족 :

EQP-0904-01   주식회사 이큐   A4(210X297)

49. EQP-1001-01 개선 추진 실적 보고서

주식회사 이큐	개선 추진 실적 보고서	작 성	검 토	승 인
		/	/	/

개선대상		활동기간	
개선항목		작성자	

문제점	개선내용	효과내용

개선 전	개선 후

절감금액	

50. EQP-1001-02 시정조치 요구서

주식회사 이큐	시정조치 요구서	관리부서	
		PAGE	1/1

요구서번호		발행일자	
처리부서		조치요구일자	

제목		(발행근거 :)

부적합 사항 (시정조치 요구사항)

	발행		
결 재	작성	검토	승인
	/	/	/

□ 첨 부 :

시정조치 결과

1. 부적합 원인

2. 시정내용

3. 재발방지 대책

조치자 : 부서   직책   성명   □ 첨 부 :
조치일자 :

조치결과 확인

확인자 : 부서   직책   성명   □ 적 합   □ 부적합
확인일자 :

유효성 결과

□ 확인일자 :
□ 대상기간 :   .   .   -   .
□ 첨 부 :

	확인(승인)		
결 재	작성	검토	승인
	/	/	/

EQP-1001-02   주식회사 이큐   A4(210X297)

51. EQP-1001-03 시정조치 관리대장

주식회사 이큐	시정조치 관리대장	관리부서	
		PAGE	1/1

발행번호	발행일자	제 목	시정조치 요구사항(요약)	완료 요구일	완료일	조치부서	효과성 검증일

EQP-1001-03   주식회사 이큐   A4(210X297)

52. EQP-1001-04 개선 추진 계획서

주식회사 이큐	개선 추진 계획서	작 성	검 토	승 인
		/	/	/

요구서번호		발행일자	
처리부서		조치요구일자	

단 계	일정 / 항목	( )년												담당자	비고
		1월	2월	3월	4월	5월	6월	7월	8월	9월	10월	11월	12월		
계 획	현상파악														
	원인분석														
	목표설정														
실 시	대책수립														
	대책실시														
확 인	효과파악														
조 치	표준화														
	사후관리														
피드백	반 성														
	향후계획														

현상파악	원인분석

- 세부 실천 계획

NO	실천항목	요구투자비	담당자	예정일	완료일	비 고
1						
2						
3						
4						
5						

EQP-1001-04   주식회사 이큐   A4(210X297)

[부록 1] ISO 경영시스템 인증 프로세스

해당 프로세스	추진담당	프로세스 설명	비 고
경영시스템 구축 기획 ⋮	TFT	1. 해당 조직의 핵심 프로세스 및 절차서, 지침서 등을 결정(핵심 프로세스는 KPI를 결정) 2. 추진 계획수립-해당 부서별 업무 분장(추진기간, 소요예산 포함) 3. 필요시 컨설팅/자문기관 선정	ISO 표준 TFT 업무 분장표 공정도
요건 및 실무조건 ⋮	TFT Leader	1. 전체 직원/핵심 인원에 대한 교육-품질경영시스템 구축에 대한 선언적 개념/표준에 대한 교육 · ISO 요구사항, 경영시스템의 필요성, 내부 심사원 과정 등	교육계획서, 교육일지/ 수료증
추진 세부계획 수립 ⋮	해당부서장 /TFT	추진세부계획 및 일정수립 및 담당 결정/업무분담 · 조직의 규모에 따라 문서화의 정도가 달라질 수 있음	세부계획서
추진실무 ⋮	해당부서	1. 문서화-Manual, Process, 절차서(Procedure), 지침서/수칙 및 표준류/기준서, 기록 등 · 매뉴얼 : 문서목록, 프로세스 맵, 비즈니스 맵, 인증범위, 조직도, ISO 요구사항 · 프로세스 : 핵심문서로 성과지표를 결정(6~12개 정도가 일반적임) · 절차서 : 해당 프로세스에 속하여 각 프로세스 당 1~4개가 될 수 있으며 더 많은 절차서도 가능하다. · 지침서 : 조직의 필요에 따라 정해지는 하위문서 · 표준류/기준서 · 기록물 : 경영시스템에서 요구되는 증거물	매뉴얼, 프로세스, 절차서, 지침서, 표준류/기준서 양식파일
내부심사 실시 ⋮	내부심사원	업무가 프로세스나 절차서에 규정된 대로 진행되는지 여부를 점검하고 시정조치를 실시하는 행위	내부심사원 적격성 평가, 내부심사 계획서 내부심사보고서
경영검토 실시 ⋮	해당부서장	회사의 경영을 위한 계획, 성과 등을 평가	경영검토 입출력 사항 등
심사신청/ 심사	추진부서	이큐인증원(주)에 인증심사를 신청하여 평가를 받음	인증서

참고문헌

ISO 14001:2015 환경경영시스템 요구사항
ISO 9000:2015 ISO 기본사항 및 용어

<Web Site>

www.iso.org

저자소개

송형록

현) 이큐인증원(주)대표이사(ISO 경영시스템 인증기관 : KAB 인정)
현) DWC아카데미 대표(ISO심사원 양성교육기관 : Exemplar Global 인정)
현) ISO 국제심사원(9001/14001/27001/27701/45001/22000/37001/13485/22301)
현) 디스플레이웍스(주) 대표이사
전) 경희사이버대학교 겸임교수
전) 경민대학교 강사

ISO 인증기관 : 이큐인증원(주)
E-mail : eqcertiso@gmail.com
홈페이지 : www.eqcert.co.kr

김상일

현) 주식회사 젠젠에이아이 COO/CISO
현) 이큐인증원 ISO 선임심사원
현) ISO 국제심사원(9001/14001/45001/27001/22301/37001)
세종대 경영학 박사(Business Analysis, BlockChain, 암호화폐
E-mail : gabriel0221@gmail.com

중소기업 ISO 경영시스템 담당자를 위한
환경경영시스템 길라잡이

ISO 14001 환경경영시스템 구축 실무 GUIDE

1판 1쇄 발행 2023년 6월 15일

저자 송형록 · 김상일

발행인 이 병 덕
디자인 이 은 경

발행처 도서출판 정일
등록날짜 1989년 8월 25일
등록번호 제3-261호

주소 경기도 파주시 가람로 70 상가 106호

전화   031) 946-9152(대)
팩스   031) 946-9153
E-mail jungilb@naver.com